DIANSHIHUAMIAN
BIANJI

广播电影电视部统编教材

电视画面编辑（修订版）

何苏六　著

中国广播影视出版社

图书在版编目（CIP）数据

电视画面编辑 / 何苏六著 . —修订本 . —北京：中国广播影视出版社，2008.8（2020.5 重印）
广播电影电视部统编教材
ISBN 978 - 7 - 5043 - 3098 - 7

Ⅰ. 电… Ⅱ. 何… Ⅲ. 电视节目—编辑工作—高等学校—教材 Ⅳ. G222.1

中国版本图书馆 CIP 数据核字（2008）第 083155 号

电视画面编辑（修订版）
何苏六 著

责任编辑 林 曦
封面设计 亚里斯
责任校对 张莲芳

出版发行 中国广播影视出版社
电　　话 010 - 86093580　010 - 86093583
社　　址 北京市西城区真武庙二条 9 号
邮　　编 100045
网　　址 www.crtp.com.cn
电子信箱 crtp8@sina.com

经　　销 全国各地新华书店
印　　刷 涿州市京南印刷厂

开　　本 787 毫米 × 1092 毫米　1/16
字　　数 167（千）字
印　　张 9
版　　次 2008 年 5 月第 2 版　2020 年 5 月第 6 次印刷

书　　号 ISBN 978 - 7 - 5043 - 3098 - 7
定　　价 19.00 元

序

刘爱清

广播电影电视部统编系列教材《电视概论》《电视新闻》《电视专题》《电视摄像造型》《电视照明》《电视画面编辑》《电视采访与写作》《电视音乐音响》《电视节目制作技术》《广播电视概论》共10本书，是在1997年8月出版的。这套教材作为主管部门统编的规范性教材，主要对象本来是广播电视系统的高等院校和中专学校的广播电视专业的学生，但在广播电视事业发展的影响和带动下，国内许多高校竞相开办广播电视专业，这套教材也就陆续走进许多高校的广播电视院系。尽管这套教材存在不尽如人意之处，但在那学生年年热招、专业教师奇缺的年代里，它不仅在最初起到了救急的作用，而且为后来的学科建设、师资队伍建设和广播电视专业人才的培养发挥了历史性的作用。

一晃10年过去了，形势和国情都发生了很大变化，广播电视的发展变化更大。首先在体制上广播电影电视部在1998年的国务院机构改革中改为国家广播电影电视总局，所属的院校也在全国高校体制改革中全部划出。但社会上的广播电视教育事业方兴未艾，办学布点不断增加，招生规模不断扩大。广播电视教育事业的持续发展印证了广播电视事业在飞速发展。10年来，我国广播电视的事业规模迅速扩大，节目套数不断增加；以频道专业化、栏目品牌化、节目精品化和制播分离为目标的运作体制改革不断深入；高新技术的广泛采用，使广播电视的制作水平和播出质量大大提高，传输手段和覆盖效果大大改善。广播电视作为我国当代的主流媒体，经济实力明显增强，创新能力明显提高，社会影响力越来越大。如今，我国广播电视已进入一个由模拟技术向数字技术的转换时期，进入一个向新兴媒体延伸扩展进而升级换代的时期。当前，有线电视的数字化、地面无线广播电视的数字化、广播电视台内部制作播出的数字化正在加速进行；数字高清晰度电视已经开播；直播卫星的使用将进一步优化广播电视的传输覆盖体系。数字技术和网络技术的迅猛发展，使得新兴媒体异军突起，并呈现出强劲的发展态势。网络电视、IP电视、手机电视、楼宇电视、移动电视等新媒体竞相开办视频业务，使传统的广播电视媒体倍感压力。另外，随着对外开放的扩大，境外的传媒巨人也以重兵压境之势进军我国，对我国本土的广播电视形成冲击。我国广播电视面临内挤外压的严峻挑战和激烈竞争，但同时也进入一个大发展大繁荣的历史机遇期。

广播电视所处的新时期和面临的新任务，呼唤大批新型的高素质的广播电视专业人才，而新型高素质专业人才的培养，呼唤教育教学的改革与创新。在教育教学改革中，教材的改革与创新具有十分重要的意义。从教育教学改革的角度审视10年前的教材，再从广播电视的现状和改革发展的要求衡量10年前的教材，就会明显地感觉到教材建设的相对滞后。当时的认识和看法，当时的概括和阐述，甚至当时还很先进的设备和技术技能，现在已经部分地落后于实践的嬗变甚至早已陈旧过时，因此教材的修改势在必行。同时，在广播电视不断变革发展的实践中，人们不仅总结了许多新鲜经验，在理论上和技术上有许多创新，而且对广播电视的性质、功能、地位和作用也有了新的比较深刻和全面的认识，这些新鲜经验、理论创新和新的比较成熟的认识也应在修订的教材中有所反映。

基于上述理由，中国广播影视出版社本着与时俱进、适应需求的原则，决定修订并再版这套教材。这次修订原则上由原作者自行改动。在原作的体例、框架、结构和主要内容基本不变的前提下，主要是更新统计数据，调整讲解案例，删除过时和相对落后的内容，充实新概念、新理论和新知识，吸收新鲜的成功经验，增加新技术的应用，反映广播电视的最新状况，体现广播电视的创新成果。修订再版的这套教材将更具专业性、针对性和实用性；更加贴近时代要求，贴近广播电视的实际；更加符合事业发展的要求，符合培养高素质专业人才的要求。相信这套再版的教材能够最大限度地满足广播电视大中专院校教学的需要，最大限度地满足各级电视台培训从业人员的需要，最大限度地满足社会上希望了解广播电视工作内容和流程的广大读者的需要。

由于水平有限和时间紧促，书中的不当之处在所难免，敬请读者批评指正。

2008年6月22日

（作者系原广播电影电视部教育司司长）

目录

引　言

在电视的创世纪里，伴随着电视的每一次进步，机械始终是不可或缺的工具。像电视这样，依靠科技并熟练运用科技来创造艺术成果，可以说是绝无仅有的。加上近些年来电子技术在电视领域的应用，更有人鼓吹电视作为一种媒体应发挥自己快捷、逼真和广泛的优势，记录、干预现实生活。有人因此认为电视在表达方式上只不过是对现实的一种“机械式的再现”，难以挤进缪斯的殿堂。这不是一种严谨的认识。

其实无论是善于忠实记录现实的摄像机，还是越来越无所不能的编辑机，其操纵者都是有着丰富经验、丰富情感和丰富想象力的人。他们在记录、表达现实时，除了模拟以外，还会有所传译，有所解释，有所批判。因此，摄像机拍摄下来的画面，已不是现实的原样，而是在他们的想象中，经由他个人的观感和经验在取材上有所选择，而在编辑过程中形成的所谓“再现的现实”，更是注入创作者认识的一种表达。在这里，创作者会依照影视语言特有的语法和规则来重新安排、组合他想象中的现实。尽管创作者认为他想象中的现实和他感觉中的现实一样的真实和重要，其实他心目中的现实已是他主观对照下的客观现实，与生活中的现实有所不同。

本书所要论述的是电视工作者如何在电视编辑这一环节中，依据影视语言特有的思维方式和语言法则，艺术地记录和表现他感觉和想象中的种种现实。

第一章 电视画面编辑概述

【本章内容提要】

了解编辑过程在准备阶段、编辑阶段和检查阶段中各环节的主要工作。

电视作品既要讲求艺术特性，也要注意其作为大众传媒的特性。在编辑时必须充分注意传播规律的作用。

电视画面编辑是电视片创作的后期工作，它是根据节目的要求对镜头进行选择，然后寻找最佳剪接点进行组合、排列的过程。目的是最彻底地传达出创作者的意图。

在普遍意义上，“编辑”一词具有两种含义：一是指一种工种，即编辑机上的操作员，侧重于物理效果，是技术层面上的；二是指创作上的一个环节，侧重于意义的表达，是艺术层面上的。本书论述所涉及的“编辑”主要是指后面这种含义，不过它也常用来同时指创作环节和这一环节的创作者。

与有详尽分镜头脚本的电影、电视剧片的编辑不同，以纪实性为特征的电视片的编辑，由于面对的是一堆杂乱的即兴式的抓取的镜头，这时的编辑过程是创作味很浓的。创作意图的修正和表达，都依靠编辑过程逐步完成，只有好的编辑才能赋予电视片以生命。各种镜头在未经巧妙地组合统一起来为表达意义或叙述之前，只是许多零碎的片断，构图再美、信息量再大、表现力再强的镜头，若没有认真挑选和进行有意义地编辑，在段落中和成片之前，也只能像一块未经雕琢的玉石，难以展现自身的光彩。只有对它们进行切割、磨洗、造型、镶嵌等过程的整治，才能展现出其天生丽质，供人充分欣赏。这些切割、磨洗、造型、镶嵌等工序也就是电视片编辑过程中对前期拍摄的镜头的整治过程即挑选、切除、组合和排列。它最终给人的不仅是视觉心理上的流畅，更让人从中获得一种积累的效果。这种积累是由于在编辑中融合了巧妙的构思，使得镜头的组合效果往往比多场景段落加在一起的效果更大。在这个意义上说，编辑决不仅只是重造，而是一种创造。正是艺术性和技巧的巧妙结合，使得镜头在组合和排列中完成其功能，并传达出丰富多样的意义。

当然，电视创作是一个综合的复杂过程。在整个创作过程中，编辑工作只是它的后期部分，在此之前还有以下的环节：选题、采访、撰写提纲、拍摄等，编辑工作是以上这些环节的延续和最终完成。尽管在电视片创作中，编辑是主创人员，人们认为编辑质量的好坏直接影响着节目的质量乃至成败，但是他若离开了其他创作成员，如导演、摄像、灯光、录音和操作人员等，没有这些人员的合作，编辑也就无所作为。

编辑之前各环节的工作，主要为获取与节目有关的有意义的原始图像素材和原始声音素材所进行的种种工作。它包括对选题的确定，选取合适的采访对象并进行采访，确定合适的节目形式，撰写拍摄提纲，选择符合节目内容与形式要求的现场并进行拍摄，从而获取符合节目预想效果供后期编辑的图像、声音素材，并在拍摄现场作一些粗略的场记。

要使这些零碎杂乱的原始音像素材最终形成一个能够达到原先设想效果的完整的节目形态，后期的编辑过程也是很繁杂的，因为挑选有用的组合、有意义的段落，并根据构思完成叙事表意目的，且有节奏感的排列，每一步都需反复斟酌，几经推敲，而且编辑过程中除考虑画面效果外，还得注意声音的效果。所以说编辑工作本身就是一种系统工程，我们可以用图 1－1 来理一理：

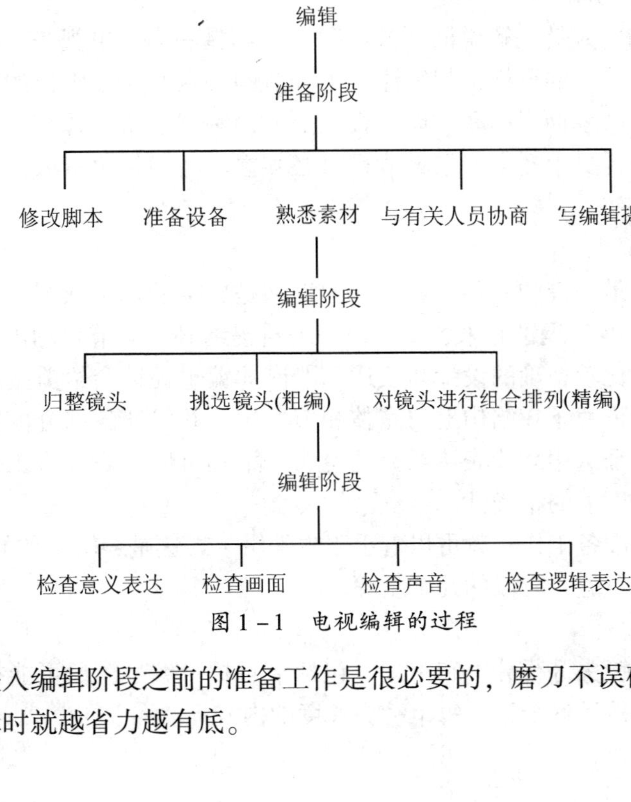

图 1－1　电视编辑的过程

在正式进入编辑阶段之前的准备工作是很必要的，磨刀不误砍柴工，准备工作越细致，编辑时就越省力越有底。

1. 修改拍摄提纲

在实际拍摄过程中，由于采访的不断深入，了解的东西越来越多，加上采访对象也会有新的变化，从而产生新线索，这些因素都会导致拍摄过程中，随时调整拍摄计划和内容。这往往会使所拍的结果与原来的构思中的拍摄提纲有出入。有些想拍的素材没有拍上，而有些拍到的素材原本没有想到，这就需要在编辑之前熟悉拍摄到的素材并对原有的拍摄提纲作修整，以便使得素材更好地与节目的主题、内容、形式、结构等方面相吻合。

2. 熟悉素材

在开始编辑之前，熟悉所拍的素材是非常重要的。它是对所拍的原始图像素材和声音素材（包括采访和同期声）进行仔细了解和鉴别，并对有用的镜头作详尽的记录，再对照修改后的脚本，根据可用素材建立初步的形象系统。由于电视片的意义（叙事、表意）是通过可视的具象系统来表达的，因此，这一些具象必须构成一个符合影视语言语法的可以完成叙事或表意的意象群落。熟悉声像素材的过程，就应该去感受现有的素材能不能建立起表达脚本内容所需要的完整的意象系统。如果觉得难以支撑，就必须尽早去补拍或通过别的途径去搜索有关声像材料。

3. 与有关人员协调

编辑需要协调的人员是解说词（或串联词）的撰写者。电视是一门综合的视听艺术，要保持和谐统一的风格，就得注意各环节的一致性，编辑出的节目的风格在节目形态、结构、解说词、串联词以及音乐等方面都得讲求整体感。另外，电视节目多为安排在某一栏目中播出，编辑节目时必须主动与栏目负责人沟通，以求得栏目总体风格的一致。

4. 设计编辑提纲

这是编辑工作最关键的一环。设计好的提纲是剪接的基本依据，所有的有用素材都得将由这个“纲”提挈起来各就各位。编辑提纲必须对节目的内容、结构、各段落的安排有一个比较精确的设计和表述。严谨的编辑提纲会给剪接工作带来以下好处：首先它可保证片子在结构上的完整和节奏感，并保证各部分内容在比例上的得当；其次可以保证选用最能表达意义的镜头；第三可以提高编辑工作的效率；第四可以保证节目长度上的精确性。

完成了以上的准备工作，就可以着手正式编辑了。这是编辑工作的最主要阶段，下面就简单论述一下这一阶段的几个步骤。

5. 归整镜头

对所有的原始镜头进行分类和整理。包括给素材带编号，尽可能按照时间或空间的顺序来编排，然后逐个记下每个镜头长度的内容。

6. 挑选镜头（粗编）

不同种类的节目片比（完成片的时间长度与素材时间长度之比）各不相同，不过一般的电视片的片比都会在1∶3以上，有的甚至超过1∶10。因此原始镜头中的大多数是用不上的，必须进行鉴别和挑选。首先可以排除那些有明显技术质量问题的镜头，然后可依照编辑提纲中所标示的内容进行归类，将不同磁带上的镜头标示在编辑提纲上，这样在编辑时就能很快从磁带中找到所需要的镜头。

7. 对镜头进行组合排列（精编）

到这个时候是要按编辑提纲上的叙事表意要求，一个镜头一个镜头的组合排列，用来表达创作者需要的意义。这里镜头的组合与排列，不仅要注意影视语言的语法规则，更要注意意义的表达，并要通过选择剪接点和镜头的不同长度来创造最佳的艺术效果。原本零散杂乱的镜头在这里被排列成一个有意义的有机整体，从而使电视创作工作初步完成。编辑人员因习惯不同，有的是一步到位，有的则把编辑工作分为粗编和精编两步。在按内容挑选镜头的同时作一次粗编，粗编的片子往往比完成片时间要长些，粗编完成后再对建立起的形象体系进行感受推敲。最后作一次精编，去除一些多余的镜头或替换一些不合适的镜头，从而达到最满意的艺术效果。

检查阶段对编辑来说是必不可少的。由于编辑工作是个艰苦繁琐的过程，在创作过程中有时会不注意小节，有些小问题只有在完成初步编辑工作之后，静下心来仔细检查才能发现。检查工作有以下四个方面：

①检查逻辑表述

叙述是否符合真实性原则，是否符合生活逻辑，条理是否清楚，内容之间的联系是否合理自然。

②检查意义表达

结构是否完整匀称，意义表达是否准确，效果是否达到目的等等。

③检查画面

剪接点选择是否恰当，符合不符合基本的影视语言规则；有无技术上的失误；运动的把握是否流畅；场面过渡是否自然。

④检查声音

质量是否符合技术标准，声音是否连贯，与画面同步与否等。

至此，编辑的任务已算完成。当然作为一个节目的制作，在此之后还要加字幕，配解说，配音乐，最后还要做片头片尾的包装，以便放入栏目中或与其他节目连接起来播出。从这个意义来说，电视片的创作与别的艺术创作在观念上必须有所差异。电视创作是大众传播的一部分，它的最后价值的实现是通过电视这一传媒广泛传播，为最大量的观众所认可，并产生影响。从电视创作的本质意义及电视作为一种大众传播的特性来说，电视产品都不能像实验性电影或先锋派的绘画那样，追求一种纯艺术，作一种传播意义上的冒险。其实到了机械复制时代，音乐、绘画、电影、戏剧等传统的艺术也都在追求一种大众化的传播，尽管许多时候还不肯去适合世俗的品味，不过从创作者对作品宣传、展示、传播的行为方式上就足以看出，他们对自己作品孤芳自赏的心境已被机械复制时代所解构，至少认同这样一个观念：作品被更多的人认可不是坏事。于是电影（包括实验性电影）都被制成一个个拷贝，从狭小黑暗的观摩室里走出；绘画作品（包括前期性的创作）也愿意被机器复印出来供人张贴乃至出售，而绝不再死钉在画室里的画架上供自己或几个圈内人玩赏，也不满足于在美术馆里展示；音乐曾经是宫廷贵族生活中的一种奢侈品，如今不仅在越来越多、越来越大众化的音乐厅里巡回演奏，更有甚者把它们纷纷灌进唱片、磁带和光盘里，供人茶余饭后随意听闻；戏剧也一样，从原来宫廷享受或民间自娱的功能中解放出来，走上大众化舞台反复演出，或干脆与电影、音乐一样被录制下来、复制出来以便广泛传播。

电视与这些传统艺术不同的一点是，它的产生就是为了“广播”，为了超越时间和空间的界限，让尽可能多的受众得到信息，受到教育或者娱乐。在商业化时代，各种传统艺术都纷纷与电视这种传媒联姻，通过它来广泛地推销自己。不过，每门艺术的形成都历经长期的积累，都会有许多属于自己深层次的素质，这些东西是不能丢弃和取代的，否则就会失去艺术存在的价值，因此尽管戏剧、音乐、电影乃至绘画时时从神坛中走下来或常常试图与电视联姻，然而最终它们只能是带着镣铐跳舞，为了保存自己的魅力，不可能彻头彻尾地解放自己，最多是偶尔放下架子，放松一下自己，这就与电视与生俱来的大众化的口味截然不同。因此有不少人主张电视难以称为艺术，因为它缺少艺术所需要的想象力和精神上的贵族气质和个性化魅力，这当然是一种偏见。我们不能说所有电视片都可称作艺术，然而在电视片中有不少是称得上艺术的，尤其是最能体现电视独特魅力的纪录片，它完全称得上是一种创作，它完全具有艺术的品格，而且这种艺术是其他任何艺术品无可替代的。当然电视片中称得上艺术的不仅仅是纪录片，它们都兼有艺术的品格，又汲取着电视大众传播的优势。

一部成功的电视片在讲究艺术性的同时，必须兼顾作为自己重要特性之一的大众传播的品性。如果电视片编辑的创作毫不顾及大众化的收受而追求所谓的纯艺术，这是违背电视品性，也是违背大众传播规律的，这样的电视编辑是失败的。

那么电视创作如何适应大众传播规律呢？我们首先来分析一下大众传播过程中的一些规律。

大众传播学理论一般把传播过程分为六个阶段：

一是传播者出于各种目的为公众提供某种信息；

二是这种信息是为了满足某一层次公众的需要；

三是这些信息通过某种媒介传送出去；

四是观众在接受信息时用一种随意选择的方式；

五是观众会受到信息的一定影响；

六是传播效果以各种不同方式反馈回传者。

可以看出大众传播是一个双向的传播活动，这就要求电视在创作时必须始终考虑观众，注重传播的效果。那些单凭个人兴趣创作编辑的电视作品，对于作为大众传播媒介的电视来说，就像那些丝毫没有使用价值的商品，大众不接受，也就卖不出去，商品价值也就永远实现不了。为此，根据大众传播活动的一些规律，电视创作者要注意以下几点，这几点对于电视编辑来说也是至关重要的：

第一，电视编辑在制作节目时要有真实的内容。讲述一件事或表达某种意义时要做到多层次和立体化，要客观公正，符合生活逻辑，以便向公众提供一种可靠的信息，当然在提供信息时，电视编辑也巧妙地融进个人的感情和倾向，以完成传播的目的。

第二，电视编辑在制作节目时要有受众针对性。因为任何一个电视节目都不可能对每个层次的受众都顾及，这就要求在编制节目时，根据节目对象的社会化层次(年龄层次、学识层次）做好节目定位。无论是题材的选择，涉及问题的深度，节目的形式，节目的节奏上都要考虑特定受众的欣赏特性。年长者与年轻人，知识分子和老百姓，男性与女性等在题材的兴趣点，节目的形式和叙述的节奏等多方面都有不一样的取舍，编辑电视片时必须考虑这些方面。如今电视节目改革中栏目的细化、多样化，专门频道乃至专业台的不断增加，还有有线电视家庭服务、卫星广播、视频图文、电子出版物、家用视频等电视媒体功能的扩展，都是为专门化受众考虑的，这就要求编辑电视节目时首先考虑的是受众之需求。

第三，电视片的信息的传播手段是电视这一大众媒体，因此在编辑电视片时要充分注意利用电视媒体的特性，如视听综合、线性传播、稍纵即逝、时效性、现场感和生活化等，要求编辑尽量利用多种视听要素，立体交叉使用，以便更全面地传送信息。而线性传播和稍纵即逝的传播特性，要求在编辑节目时注意浅显易懂和一目了然，同时还得注意适当的强调和重复。时效性的特性要求编辑节目时要提高效率，以便保证节目的鲜活，同时要随时增强最新的信息动态，以便让受众把握最新信息。现场感的特性要求编辑电视片时能营造一种现场的气氛，让受众有种身临其境之感，力求从素材中找出能充分反映现场情境、信息量饱满、视听元素丰实的画面编入片中，以便让受众感受到事件现场的“场”的力量。而生活化的电视特性要求编辑制作电视片时要有一种平视的生活化视点，不要高高在上，也不要盖棺定论，而要造就一种开放型的结构，让受众参与其间，同时让事件的线索保持一种延伸的感觉，像是生活流让人意犹未尽。

第四，大众传播时观众是以随意的方式接受信息的，这就要求电视编辑在创作时要尽可能使节目能吸引观众，叙述节奏上要层层递进，并尽可能多做节目的宣传和包装。

第五，由于观众接受信息后会受一定影响，这就要求电视编辑在创作节目时要考虑传播效果，让更多的观众对片中叙述的事件和传达的意义有深刻了解，并形成一种效应，不仅对本节目，而且对以后的节目都形成良好的影响。

第六，大众传播的传播效果是以各种方式反馈回传出处的，这就有利于编辑总结经验，接受教训，在与观众的不断交流沟通中了解观众之所想所需，从而不断改进自己的创作，获取最佳传播效果。

电视创作除了是一个大众传播过程以外，它还是一种独特的视听综合艺术。它用声音信息作用于人的听觉器官，用图像信息作用于人的视觉器官，产生一种综合反应并影响欣赏时的心理。这就要求电视创作使用与电影创作相似的思维方式：蒙太奇思维。这是一种形象化的，在时间空间上高度自由的独特思维方式。当然所谓的高度自由也不是任意的，而是必须在影视语言的语法规则下的自由，而且要满足一种叙事和表意的要求。同是一种形象思维，不同的艺术种类，思维的方法却不一样。文学是通过语言文字的组合来营造种种的情境和意境传达给读者，读者入情入境达到一种共鸣从而完成交流。音乐则通过音符的排列变化塑造出抽象的形象，让听众在线性的流动的声音里，根据自己的生活经验和悟性去聆听感受其间的内涵和意蕴，以其喜为喜，以其悲为悲，最终完成一种发泄，获得满足。绘画则因其是以易变的具象作媒体，尤其是现代派的作品，情绪往往变成一种随意的张狂，不像古典传统的绘画作品易于使人从中感受到一些作者的意图。多数的绘画如果不与时代融会，很难让人感受到一种力量。不过任何绘画传达思维的，都是种种物质颜料构成的点线面组合排列具象或情绪意气，从中作者表达观众感受其中的意义，哪怕行为艺术也难遁其外，只不过这里的一些物质是活性的。雕塑则是在空间展现具体形象的，它们把时间凝固成瞬间，也就不得不将更多的内涵凝聚在一起，并形成一种对外的张力。戏剧作为一种综合艺术，形象塑造在时间和空间两个向度上展开，并通过变幻的舞台空间和断续的时间演绎故事和展示人物的心态。

电影与电视特有的蒙太奇思维打破了时间的连续和空间固定统一的限制，把形象的建立放在一个更广阔的变动形态之中，它可以把不同空间中展开的形象交叉组合，它也可以把不同时间中的事件连接在一起。这种自由地表现时空运动的思维方式赋予电视创作以巨大的灵活性和魅力。它通过蒙太奇的思维方式组织形象材料，调动光线、色彩、运动、角度、剪辑等一切造型手段来作艺术化表现。

另外，电视创作还是一种作者与观众的心理交流活动。所以在创作时应该更好地了解观众之心理并有效地控制创作心理活动，以便使两者产生共鸣。

电视创作是形象、理念、情感三者的统一。形象是创作者对事物具象感受能力的心理反映，它要求作者运用形象思维对事物进行概括理解。而理念是创作者对事物本质认识的结果，是某种带有抽象的思辨性的哲学化思考，但是电视创作者对这种抽象的思辨结果必须用具象来表达。把概念化为形象是一种复杂而特殊的心理活动过程，实现时必须有巧妙的构思和技巧。爱森斯坦曾把理性蒙太奇推向极致，宣称要把马克思的《资本论》拍成形象化的电影，但最终只是个梦想，因为这种表达的转换要让人接受并理解，创作者是一方面，观众能否理解也是很重要的一方面。太抽象化了的具象，因把握不好内在的有机联系而令人不知所云，作这种创作时务必谨而慎之，必须找到切实可以转换的表达方式。情感是作者在观察、接触事物时自然产生的心理爆发。这在创作时是很受用的，因为只有有所感动才能用心去体会去感受。但是情感是一种很复杂的心理，它受个体当时的处境与心理活动的制约，有较大的随意性，因此情感与由它而认识的内容之间有一种非稳定的必然性关系。一般说来，一个事物直接触发的情感是单纯的，但一旦情感的触动沉静下来与思维发生联系，它就会变得复杂起来。因此许多时候形象理念与情感之间往往会交织在一起，必须把它们当作一个整体来考虑。这些在创作时都必须与观众的欣赏心理结合起来，只有这样才能更好地沟通。

相对于其他艺术的受众，电视观众的结构要复杂得多。不同的观众在年龄、知识结构、生活经验、价值观念、社会环境等方面都不同，这些不仅影响他们的信息要求，也影响到他们的欣赏习惯。加上随着频道的增加，卫星的广播电视节目产生无限的丰富性，使电视这种媒介提供给了观众以选择信息的可能性，这就从另一方面要求电视编辑懂得更多的知识和经验，以满足观众的多层次需求。

电视观众选择信息的心理因素有三种：

1. 选择性接受

人们往往只愿意接受那些与自己有切身利益的亲近的或价值观念上接近的信息。

2. 选择性理解

人们对同一信息的理解也不尽相同，这个人认为是不好的也许正是另一个人欢迎的，这些往往与习惯和情感有关，同时也受信仰和态度的制约。

3. 选择性记忆

在众多纷繁的信息网中，人们能注意并记忆的信息寥若晨星，只有那些人们感兴趣或公用的信息人们才会用心记住，其余的信息对他们来讲只不过是过眼烟云。

以上这些观众选择信息的心理因素，直接影响电视节目的信息传播效果。因为作为一个电视编辑，要想使自己的节目有更多的观众并取得更好的传播效果，必须研究观众的心理，采取更为策略的方式去感化观众，并使他们在不知不觉中认同你的思想和情感。要做到这一点，必须要求编辑有多方面的知识和素质以及对事物敏锐的洞察力，能够从纷繁复杂的社会生活中发现兴趣点，并对它们有一种认识分析的能力，做到客观、公正和坚定。在艺术素质方面要求具有丰富的想象力和创造力，追求高层次的艺术格调和审美价值。在技巧方面切实理解电视这一传媒的特性并充分利用它们的优势，为我所有，充分地表达自己的思想和情感，并让观众在一种轻松自由的审美过程中接受你所传达的信息和意义，从而达到一个电视编辑的创作目的。

本章思考与练习题

1. 什么是电视画面编辑？电视画面编辑有哪几个阶段？每个阶段要做哪些工作？
2. 电视是一种大众媒介，在编辑电视节目时怎样做到与传播规律相结合？

第 二 章
电视语言：一种新思维

【本章内容提要】

蒙太奇是影视艺术的语言手段。它既是影视艺术反映现实生活的艺术方法，也是作为影视作品的基本结构手段、叙述方式和镜头组合的全部艺术技巧。

蒙太奇除了指基本意义的镜头之间或镜头段落之间的组接外，还有更深一层的意义，作为一种思维的方式，这是一种形象思维。

电视是通过视觉信息的载体——影像和听觉信息的载体——声音来叙事和表意的，因此它是一种直观视听结构的综合艺术。电视在编辑时必须注意屏幕造型的作用。

电视画面蒙太奇表意有以下特性：单个镜头往往不能独立用以叙事或表意，意义的产生要通过由几个镜头组接成的镜头段落来实现；镜头排列的顺序对意义表达有很大影响；两个以上镜头连接后形成的意义要超过基本意义之和；影视语言可以有自己独特的时空结构。

一切真正的艺术形式，都会有自己独特的传递信息的表现方式。电视作为以活动的视觉影像为传递信息的主要表现形式，具有与电影相似的造型与结构特征。只不过电视作为一种大众传媒，它在传递信息时必须注重大众传播的规律，从而使自己有别于电影，也使自己的个性魅力更明显。

由于电视与电影在语言特性与思维方式上的诸多共性，我们在考察电视的语言及思维时，不妨先从电影开始。

第一节　蒙太奇：作为一种叙事语言的由来和发展

蒙太奇，作为电影电视反映现实传递信息的一种以形象思维为主要特征的艺术方法，不仅已成为影视的思维，也成了影视语言的基本结构手段和叙述方式。它在电影这门艺术中地位的确立，也是有着一段发展史的。

电影在诞生的初期，作者是用一次拍摄、不经过剪辑的镜头制作的。多数是现实生活的忠实记录或舞台剧的简单摄录，不分镜头，一个场面一般用一个固定的全景镜头拍摄一切，最多是把各个场面的镜头机械地连接起来，根本称不上艺术，当然也不能成为语言。19 世纪末 20 世纪初，电影制作者也多是模仿其他艺术作品，这使得当时的电影不能直接深入摄影机下的现实生活之中，充其量不过是机械地录下事件的过程，而不能表现任何抽象的概念或思维过程，甚至于复杂的情感。后来经过电影创作人员不断的探索，采用了分镜头的方法，于是产生了多视点多空间的表现，从而摆脱了单一视点、单一空间和单一时间的局限。这种方法是格里菲斯的一个创造。格里菲斯发现可以把一个动作的若干环节的视觉形象加以安排，来表现一个完整的故事，其叙述之明确程度和连贯性绝不亚于其他任何文学作品。由于发现视觉形象在受控制的环境中所反映的意义可以超出现实的存在，这就使电影有可能成为一种高水平的独特叙事艺术。

格里菲斯发现的“不是实在的描绘整个动作，却又使观众产生看到了全部动作的感觉”的这种剪接技巧，到 20 世纪 20 年代末期，通过电影创作者的反复实践试验，逐步走向成熟，事实上又创造出一种真正的电影表现方式——蒙太奇。

蒙太奇（Montage）来自法语，原意是建筑学上的“构成”“装配”，借用到电影中变成了“组接”“构成”之意。

蒙太奇的发展过程中，苏联导演库里肖夫、维尔托夫、爱森斯坦和普多夫金都起过重要作用。

维尔托夫认为电影摄像机比人的眼睛更加完善，把它称作“电影眼睛”，主张通过组织拍摄素材引导观众达到明确的思想结论，提倡出其不意地捕捉生活，同时他又不把电影的任务归结为单纯的摄录生活。他认为蒙太奇就是这种组织的基本手段。他指出蒙太奇可以选择电影观察的最重要瞬间，将这些观察按照联想的原则加以连接，有节奏地组织素材以加深其情绪感染力。通过镜头画面和字幕的结合来解释拍摄在胶片上的事件的意义。

库里肖夫则把电影看成是外部动作的艺术，它需由造型手段和蒙太奇来再现。他认为内容产生于各个镜头的组合及剪辑，中性的镜头只有在蒙太奇中才能获得含义。

相对于前面的蒙太奇理论的研究者，爱森斯坦的思考更深入。他不仅依靠美学规律，还依靠心理学与社会学的规律来研究艺术作品对观众产生最有效影响的途径。他认为蒙太奇的意义不仅仅归结为选择，也不仅仅归结为将情节元素加以联结，而是按照内在的叙事节奏和联想之需来联结材料。他发现两个镜头的对列以及它们的内在冲突会产生第三种东西，即对所描绘的事物进行思想评价的契机，这是蒙太奇最重要的特点。他认为蒙太奇的作用不仅在产生效果，更重要的可以通过它的特殊功能来阐明思想，在他眼里蒙太奇是“有机地体现囊括电影作品的一切元素，局部、细节的统一思想概念的手段”。

普多夫金对蒙太奇的理解没有像大多数人那样激奋，认为是电影创作的全部，他认为蒙太奇只是为表达一定的思想意图而组织电影动作的手段之一。更难能可贵的是他把蒙太奇与思维过程联系在一起，认为蒙太奇比任何艺术更能完整地体现思维形式。

蒙太奇作为一种手法，随着电影中新元素的不断增多，它的形式和手法也在不断丰富。譬如，声音的出现，改变扩大了蒙太奇的表现领域，产生了声画结合的新的蒙太奇形式。彩色、宽银幕、立体声等因素的出现，也为蒙太奇的组合增添了新元素，从而使蒙太奇发展成为一种更丰富多彩的艺术技巧和反映现实的表现方法。另外还要提一提的是镜头内部的蒙太奇，它是由场面调度和移动摄影的运用来完成的，这就是影视中的长镜头。关于长镜头将在后面作专门的论述，这里不再多说。

由此可见，蒙太奇既是电影反映现实生活的艺术方法，也是作为电影基本结构手段、叙述方式和镜头组合的艺术技巧，它是在电影创作中根据表达意义的需要以及情节发展，观众注意力和关心之程度，把全片内容分解成不同的段落、场面和镜头，分别进行拍摄，然后再根据原定的创作构思，运用艺术技巧将这些镜头、场面和段落作合乎逻辑、富有节奏地重新组合，使之通过形象间相辅相成的关系产生多种艺术效果，构成一个连绵不断的有机的艺术整体。

因此在一部影片中，对蒙太奇的思考分析可以是多层次的，首先是作为一种独特的形象思维，蒙太奇指导着导演、摄像以及编辑人员对形象体系的建立；其次它也是影片结构的总体安排，包括叙述方式、时空结构、场景、段落的布局；它也可指画面与画面之间、声音与声音之间以及声音与画面之间的组合关系，以及由这些关系产生的意义；它还可指镜头的运用（内部蒙太奇）、镜头的分切组接以及场面段落的组接和切换，等等。

蒙太奇自早期苏联电影创作者、理论家把它作为一种电影的美学观念加以确立，沿用至今，尽管人们对它的解释众说纷纭，但是归根到底大家都认为它是电影化的基本因素。如今在影视创作中，蒙太奇也作为画面组接的技巧被继承和运用。

第二节　蒙太奇：作为一种形象思维

许多时候谈及蒙太奇，指的是作为最基本意义的镜头组接，就是在影视制作的后期，将拍摄下来的镜头素材挑选后按照一定要求和意图进行重新排列、组合，指镜头组接的技巧和手段。其实，蒙太奇还有更深一层的意思，那就是作为一种思维方式。

在影视作品创作过程的每一环节中，蒙太奇作为一种思维存在于创作者的观念之中，它是影视创作者从高层次把握创作风格和运用创作技巧的出发点，也是影视艺术构成形式和方法的总和。

在创作构思时，形成连续不断的、结构独特的、合乎逻辑的、节奏舒畅的画面与声音形象的思维活动，始终存在于影视作品的编剧、导演、摄像和编辑的头脑中。在创作时通过这种思维方法来表达影片的内容和意义，展示活动，描绘场景，从而使之具有银幕感。其实电影电视的创作者在制作电影时也一直在努力塑造这种电影电视的观念。

一、直观的形象化思维

艺术传递信息的表现方式多是用诉诸人的感官和情感的感受型的方式，而不同的艺术形式又会采用各自独特的表现方式。哪怕是同一种叙事形式，在不同的艺术形式里它的功能和观念都是不相同的。如莎士比亚、托尔斯泰、伊文思、费里尼都使用“对话”这一形式来表达各自的叙事观念，但是有效的对话风格和对话告诉给观众东西，在戏剧方式、小说方式、纪录片方式和剧情片的电影方式中，显然有很大差异。几种叙事方式都使用对话，但是对话在任何一种艺术形式里的价值，在很大程度上取决于对话在这种艺术形式中的表现力。因此，除非对某种特写的艺术形式的性质有全面的认识，否则就不可能充分理解任何叙事观念的意义。

电视是通过视觉信息的载体——影像和听觉信息的载体——声音（包括对话、音响和音乐）同观众交流，或叙事或抒情或表意。电视作为一门综合艺术形式集合各种艺术的成分，从而形成了自己的表现形式，因此人们通常把电视称作具有独特的直观视听结构的综合艺术。

文字思维和图像思维是两种截然不同的思维方式。这里说的文字或图像并不是指物化的载体，而是艺术创作时思维那个抽象的载体，如电影电视创作者在写剧本时，尽管使用的也是文字，然而他用文字记录的是他运用想象中早已形成的电影电视形象的活动，而不是语言的形象；在他头脑中应当发挥的也是电影电视的想象，就如音乐家要发挥的是音乐想象，建筑师要发挥的是建筑的想象一样。

文字思维与图像思维有着很大差异，那么到底区别在哪里？我们在这里举一个人们常用的“涓生弃狗”的例子，来具体分析一下。

鲁迅小说《伤逝》讲的是涓生与子君冲破封建思想的压力生活在了一起，然而终因家庭和社会的抛弃和经济重担，使得他们濒于生活绝路，只得把心爱的小狗遗弃。小说中的描写是“倘使插草标在庙市上卖，也许能得几文钱吧，然而我们都不能也不愿意这样做，终于用包袱蒙着头，由我带到西郊去放掉，还要追上来，便推在一个并不很深的土坑里”。

这段文字在影片《伤逝》中变成了长达 6 分钟的画面：镜头从一双走在田埂上的脚拉出、升起、俯拍成荒郊全景，涓生背影走向画面深处，枯树、乌鸦、灰白的天空，没有一丝生气；涓生走向崖边，小心地打开布包，把狗推向崖下，黄土伴着狗坠落崖底，乌鸦惊飞，枯草摇动，狗在哀叫；涓生穿行在枯枝草丛间，狗又追上来，涓生只得忍痛又一次把它扔进一个土坑里，狗在哀叫挣扎，乌鸦盘旋在枯枝间，芦苇在风沙中摇曳，涓生踏着乱坟荒草，再也不敢回头地走去……

我们来看看它们之间的区别：首先是它们使用了不同的物质手段：文字和图像。文字是一种抽象的符号系统，是由一系列词语按照一定的语法规则组合而成。根据语言学——符号学的解释，语词作为一种认知符号只是概念的指称，它用特定的语音或字形来指代某一类事物或概念，形成语义，语音与语义之间有一种任意的关系。语言符号的这种任意关系，使得客观的具象被抽象了，也使知觉能力脱离表象而意象化。从鲁迅的描写中，我们并不能直接感受到具体物象，而只是一种抽象的意义。狗是什么狗，包袱的颜色，西郊的样子等事物的表象只能由读者想象化作一系列不可直观的心中图像才能为人所感受。

图像则是一种直观的形象系统。虽然它只是客观物象的一种屏幕再现，但它包含了现实客体的实际映像，并展示了它们的运动状态。这种直观形象包括视觉与听觉因素两方面，即物体运动状态，以及由此发生的自然音响。这里的听觉因素与解说也有着截然不同的性质。解说是一种附加的声音，具有文字符号的表意特点，而自然音响即使是对白或说话，也是直观行为的一个组成部分。这种视听行为的自然原始表现力，使画面传达意义的方式与意义本身产生了密切的关系。从涓生弃狗的例子中我们可以看到，除了人物的行动以外，加入了四个反复出现的物象——芦苇、乌鸦、枯树和灰白的天空，还有狗的哀叫和寒风的萧瑟。这些视听形象的反复强调，使人感到一种彷徨、凄苦、惆怅的情绪，并形成了有力揭示黑暗社会的形象，比起文字描写，它让人们感受得更直接。这是因为人虽然有抽象思维及表达语言的能力，可以由一系列符号来归纳或演绎一件事或一群人，然而只要涉及了人和物这样的具象的活动，人的抽象思维就不可能太抽象了，总会借助他脑中已积累的经验辅助于整个思想过程之中，也就是说对那些有关描写人、事的活动的感受和想象必须以具体的物象为依托。而影视的视听画面语言描写讲述人和事的活动就供给人们一个直观的现实感很强的连续的活动映像。当然有时画面语言的演示会限制人们的思维，更难让人的想象拓展，而处于一种被动的接收状态。相反纯粹的文字的描写叙述则留给人们以广阔的空间和无限的可能性。因此文字本身并不具有形象性，以文字作为媒体的文学创作的思维，虽然也可以表现形象，但它只能是一种间接的方法，并以此唤起读者头脑中的形象感。

曹雪芹在《红楼梦》中这样描写林黛玉："两弯似蹙非蹙笼烟眉，一双似喜非喜含情目，态生两靥之愁，娇袭一身之病，泪光点点，娇喘微微，闲静似娇花照水，行动如弱柳扶风。"抽象的词汇及其巧妙的组合揭示了人物的主要特征，诱导读者对有关表象进行联想和想象，经过读者的再造想象，把诸多因素——眉眼、体态、动作以至气色、喘息等联系起来，形成一个整体的形象。但是，这是一个抽象的、模糊的形象。如同鲁迅先生描写的"终于用包袱蒙着头，由我带到西郊去放掉，还要追上来，便推在一个并不很深的土坑里"一样，这种模糊的形象，是靠抽象的概念形态完成的。

与这种间接的描写不同，图像表现形象的方式是直接呈现具体物象的运动形态。在电视剧《红楼梦》中，林黛玉就是陈晓旭扮演的林黛玉；在故事片《红楼梦》中，林黛玉就是陶慧敏扮演的林黛玉。她们的一颦一笑、一招一式，一举手、一投足都在一个相对统一的时空范围内进行。比起文学描写，这些形象来得更真切、更具体。

无论是陈晓旭演的林黛玉还是陶慧敏演的林黛玉，她们的蓝本都是来自曹雪芹的《红楼梦》，根据里面关于林黛玉的言行的种种刻画和描写（最多再融进一些影视编剧和导演们的理解），结合自己的生活经验和文学感悟对她进行演绎和阐释。可以说影视作品中的展现给观众的活动着的具象，都是影视创作者（编导和演员）对原本的文字（文学）思维的具象化的演绎。由于在演绎过程中夹进了创作者浓重的主观意向，呈现给观众的是一个比文字描写的形象具体得多的形象系统。这只是对千万种理解中的一种，虽然这种理解会比较大众化，然而正是这种理解封杀了许多种别的理解。观众在看影视作品时，往往会跟着作品中演员演绎的人物作封闭性的理解，想象力变得迟钝和有限，这也许是图像的思维直观、轻松带来的结果。

让我们再来比较一下不同思维方式的形象赋予的过程。一般艺术创作的形象思维在实现形象还原的过程中，运用的是表象的综合与联想。所谓表象，就是记忆中所保持的客观事物的形象。在文学中，作家记忆中的种种事物在创作过程中被加工和改造，抽出其精要综合在一起，这样记忆中所保持的客观形象，经过深化、变异和联想，以一种新形态表现出来。歌德在讲到《少年维特之烦恼》中的女主人公夏绿蒂的形象塑造时说过："把许多美女们的容姿和特性合于一炉而冶之，铸成那主人公夏绿蒂；不过主要的美点，都是从极爱的人那里撷采来的。"鲁迅先生也说过："人物的模特也一样，没有专门一个人，往往嘴在浙江、脸在北京、衣服在山西，是一个拼凑起来的角色。"曹雪芹描写的林黛玉，更是表象联想的结果。

文学作家在创作时虽以文字作依托，然而他头脑中文学形象的形成过程却是非常的具象化的，尽管这个具象不完全是现实生活中的个体，但他（她）在作者的想象中是一个饱满的个体，这个个体形象的来源就是现实生活中的许许多多与他有关联的个体。因此作家在用文字记录下文学形象之前，那形象之鲜活在作家闭上眼睛时是可见的。应该说作家头脑中的形象也是很具体的而不是多义性，只是以文字语言这种抽象的符号作载体来记录时，他（她）才变得模糊和多义性，而这多义性的产生是由每个读者在看文字时凭各自的经验去理解和想象来完成的，对于一个解释者个体来说，那个形象本身也是很具体的，林黛玉在每个人眼中只有一个，在演员身上则不只是一个。因为演员许多时候不属于他（她）自己，而是编导们的想象付诸具象化的一个载体，因此，陈晓旭身上林黛玉是电视剧《红楼梦》的导演编剧强加的。除此以外，陈晓旭头脑中本身还有一个林黛玉，这个林黛玉在陈晓旭作为一个演员时是被压着或隐在脑后的，只有当陈晓旭卸了妆走出拍摄现场或平时跟人闲聊时，属于她自己的林黛玉才会浮现出来。可以作千万种解释的文学形象依附于一个演员身上并在银幕或屏幕上显现出来时，他的多义性也就消失了。

在绘画中，画家笔下的形象虽具有直观的具象特征，但也是对客观事物形象变异的处理。郑板桥这样谈过画竹："江馆清秋，晨起看竹，烟光、日影、露气，皆浮动于疏枝密叶之间，胸中勃勃，遂起画意，其实，胸中之竹并不是眼中之竹也。因而磨墨展纸，落笔倏作变象，物中之竹又不是胸中之竹也。"从眼中竹、胸中竹再到手中竹，彩色的竹变成黑白的竹，这也是一个形象想象的转化过程。在影视所特有的形象思维中，形象还原的过程并不是创作者对事物表象进行分化、综合、联想的过程，而是一个对物象的选择与利用的过程。我们再来看一下"涓生弃狗"的例子。小说中，悲凉的气氛是靠前三句的心理描述实现的，而影片中则是靠造型的表意功能来完成。如第一个镜头从涓生的脚拉出、升起，枯枝在镜头前迅速划过，枯树的划过强化了人物悲凉的心境。再如，涓生到山崖上准备放狗，镜头从下面仰拍，仰拍的山崖形成人物迫于生活绝境的暗示。在这里，可以看出创作者有意识地选择和利用了客观世界的本来形象来完成它的形象还原。这是一个很重要的区别，画面的直观视听思维，必须寻找到具体可视的真实形象作为依托，来表达作者的思想和意图。

在进行创作时，依托文字的文学作品和依托具象的影视作品都是进行一种形象思维。只不过文学创作时，生活中的活动具象汇集属于作家头脑中并进行综合、归纳，提炼出他自己想象中的人物或事件，最终以抽象的文字符号系统记录下来。由于文字符号的抽象性，文学作品中的所谓"这一个"形象也就有了多义性。而在进行影视作品的创作时，创作者依托一个文字的蓝本，他以自己的生活经验和想象对那形象作自己的演绎，最终以具体的图像系统记录下来。由于图像符号的具象性，影视作品中的人物或事件也差不多是创作者头脑中的"那一个"。

当然作为思维方式的表现形态，文字思维和图像思维有着许多不同，而理解、弄清这一点对于电视创作是大有裨益的。我们可归纳出两种思维方式的主要差异：

	文字思维	图像思维
媒体	文字	影像
构成方式	抽象的符号系统	直观视听形象系统
表现方式	间接描述	直接视象运动
表意方式	靠叙述功能	靠造型功能
时空方式	抽象的时空意义	具体的行为时空
解读方式	经验性想象	直觉性体验
感受方式	理解	感受

在电视创作中，文字思维和图像思维都是不可或缺的，它们既相互结合，又相互分离，演化出复杂的关系。

从历时性角度看，两种思维方式在创作的整个过程中，不同阶段侧重点也不同。在创作的初期确定立意，分析材料，倾注作者的观点与主观情感，等等，这时抽象的文字思维起主要作用；在拍摄阶段和编辑阶段寻找思想的物化形式、运用表现技巧、选择结构方式等，这时图像思维则成为主要的思维方式。

从共时性角度看，两种思维方式在表意时，则呈现出相互配合、相互促长的伴生形态。文字思维为图像思维提供认识表象运动深层含义的理念基础和进入特定情境的逻辑依据；图像思维则为文字思维建立叙述事态的环境氛围和解释概念的形象系统。

可以这样认为，在电视创作活动中，文字思维主要用于抽象的概念运动，是画面意义的概括；图像思维主要用于形象的行为展示，是内容含义的外化。

二、文字图像信息共时传播

电视是视听综合艺术形式，它在作为一个大众传媒进行传播时，表现为视听各元素的综合运用，共时播出，给观众一种立体结构的信息。这里的“视”的元素指电视节目中的图像和字幕，而“听”的元素指采访、同期声、画外音、解说、音乐和效果声等。因此文字在这里经常表现为不同形态——语音的和字幕的。另外，在现代意义的电视画面里，不仅图像，也包含与画面共时发生的声音，它们两者是一体的，互为作用的。我们在分析时为了便于说明，把它们作为不同的元素暂时隔离开来，但多数时候我们还把它们放在一起表述。

在这里，我们先从信息传播的方式来看一看图像与文字两者在功能上的区别。

信息理论认为，信息不是事物本身，而是事物的存在方式和运动状态，以及关于事物存在方式和运动状态的陈述。这样，信息从形态上被分为两大类：直接信息对于事物的存在方式和运动状态本身（如观察到的事情、现象等），这种信息本身是无序的，它通过感官引起知觉活动。间接信息关于事物的存在方式和运动状态的陈述（如经过加工整理的数据、资料、理论、观点等），这种信息是有序的，它通过感官直接影响理智活动。

在电视节目中，传达信息的方式有两种：一是语言（解说），二是图像（画面和现场声）。一般来说，语言传达的是间接信息，它是对事实的一种陈述，而图像（主要是有声画面）传达的是直接信息，它把事物的存在方式和运动状态用影像重现在屏幕上。这种事实的原始状态是无序的，尽管画面剪辑是个有序化过程，但就本质意义说，信息的接收是观众通过视听感官的识别过程对它进行加工和整理，使之有序化的。

信息，是用来减少或消除人们对事物认识上的“不确定性”的东西。所谓“不确定性”，通俗地讲就是人们对事物缺乏必要的了解。只有人们对事物不大了解，有关这一事物的信息才有价值。电视创作从一定意义说，就是向人们传递某种信息，而这种传递往往又是双重信息形态的同时输出。在这种双重信息的输出中，以图像为主的直接信息和以语言为主的间接信息，各自执行着不同的任务，起着不同的作用，它们又各自满足了人们不同的信息接受需求。

一般来说，不同类型的电视片中，语言和图像的地位往往不同。在那些对时空的真实感要求比较严谨的纪实性节目里，图像（包括与之共生的同期声）因其能采集当时特定时空中的各种信息，可以极大地满足对真实的现场感信息要求，并完成一种历时性的参与，图像会变得至关重要。相反，在那些对时空的真实感要求不是很严谨的政论性节目形态里，时空往往是不延续的。为了表述一个意义，在语言（不是指依附于图像与图像共生的现场声）的叙述线的贯穿中，只要用相关的彼此不一定有机的一幅幅图像连接在一起就可以了。这时，语言是主要的叙事表意形式，而图像只是辅助性的，图像之间的连接可以不严格遵守剪辑的那些规则。

普多夫金、爱森斯坦都鼓吹蒙太奇可以是超过任何思维形式成为最优越的思维形式，完全有能力实现最复杂的辩证思维。然而在实际的操作中并不能轻易实现，许多抽象意义，理性思维还主要依仗语言来完成，对于这一点，电视作为一个大众媒体，无话可说。其实，对概括性的事实的了解主要还是靠语言文字，人们对事实预先了解的不确定性有许多是不能单凭图像来消除。如果“言必是图像”，那电视的功能会消弱不少。因此我们决不应毫无理由地去抵制语言在电视创作中的积极作用。

许多图像，尽管有丰富的内容，然而离开了叙述或表意的情境，或缺少一定时间长度的连续，很难独自十分明确地让观众知晓其实际的内涵，因为离开了具体的环境，同样的画面也可以有不同的理解。由于受节目时间的限制，电视画面不可能都完整地去展示一个个连续的场景，只能靠电视的蒙太奇语言对真实的时空进行缩短和重组，因此这时要让观众了解画面的真实意义，就必须辅以语言的说明。这就是语言在电视中的一个重要的功能，即对画面的散乱的信息起整合作用。语言使得那些原本无序的相对隔断的画面有了一个逻辑因素，并把它们联系在一起，变成一个叙事表意的整体。

在一些以概念表述为主的题材中（如思想、政治、社会问题等题材）间接信息的作用更为重要，因为，间接信息可以直接地被人所理解。在电视片《迎接挑战》中有一段关于“时间”概念的表现。“时间”本来就是一个看不见、摸不到的抽象概念，而且在影片中作者还要表现两种截然不同的时间观念：

飞快的脚步 急匆匆的赶路人 快节奏的工业画面 各种钟表 交通口号牌 被阻塞的长长的车队 懒散的人	年轻的朋友你可曾知道世界上最平凡而又最珍贵，最容易被人忽视而又最令人追悔的是什么？这就是时间，是构成你生命的分分秒秒。当今世界高速度高节奏已成为现代化的标志。新旧更替，星移斗转，时间观念在迅速变化。但是并非所有人都意识到时间计量单位的变化。多么令人遗憾，“一慢二看三通过”竟成了某些人时间的绝妙写照。难道商品有价，时间无价。慢吞吞的节奏断送了多少年华，视虚度为沉稳，无异于漫步在生命的沉船上。

在这里，语言把对两种不同时间观念的评价直接告诉了观众，这是一个意念明确、倾向分明的间接信息，直接作用于观众的理智思维。图像则通过节奏效果（前者快与后者慢的对比），以及画面内容的象征意义（长长的现代化交通工具被阻塞）传达出一种气氛。

作者的主观情感，也是一种间接的信息形态。它往往是受客观事物触发而产生的意识活动。由于它脱离具体的物象，所以画面不太可能明确表达。画面作为情感抒发的依托物，多半只能是一种情绪因素。特别是作者在对自己的情感活动作出理智的抽象之后，语言的唤情效果，往往就比依靠物象的移情效果来得更直接、更明确，也更带强制性。

我们再来看一下图像信息的作用。在很多时候，图像对于陈述事实并没有多少直接的作用，而只是通过直观的视听形象表现了事物运动的原始面貌，使人了解到事件现场的气氛和生动细节。我们来分析一下里根遇刺的场面，人们在屏幕上看到：里根微笑着走出饭店，站在门外向人们招手致意；突然，里根身体一颤抖，手捂在胸前，脸上露出紧张的痛苦的表情；警卫人员拔枪对着凶手；骚动的人们有的跑开有的伏倒在地；一人中弹倒在血泊中；一名身材高大的警卫人员把里根推进车里，车匆匆驶离……电视屏幕上显现的混乱情景和生动细节，是任何精彩的文字和语言都不可能描绘出来的。但实际上，镜头本身并没有说清多少事实，唯一能消除的“不确定性”，就是给人“总统遇刺”这样一个总印象，画面里中弹者是谁等问题，都只能由解说来回答了。但是，这个印象给人带来的瞬间感受又是那么深刻，那么强烈，以至于使人们的满足程度大大超过了对事实本身的了解。即使已经知道这个消息的人也肯定愿意再看一下当时现场情况到底是怎么一回事，这就是画面的魅力所在。

电视报道与其他媒介方式的报道不同的是，它有种独特的构成因素——现场。在其他媒介的报道中，现场不是以直接的形式出现的，一般只是当作背景来描述。文字通过描写再现现场，使人间接了解事实发生的真实环境。广播的录音报道，也只能使人间接感受到事件发生时的现场气氛。电视，由于表现工具的传播手段的优势，对现场的表现有着得天独厚的优越条件，它可以把真实的现场环境和气氛直接呈现在人们面前，产生一种非同小可的感染力，这种直观的逼真感和现场感，对人们接受事实和记忆事实起到了强化作用。

这种直接的现场因素，决定了图像从本质意义上说具有一种纪实的特性。虽然，语言或文字也可以用纪实的方法来报道事实，但是图像把活动的形象真实的物体、真实的人物、真实的环境、真实的活动诉诸人的视听感官，这是一种独特的纪实方法，它使人们犹如身临其境，看到事件发展的真实面貌。

通过上面的分析，我们可以归纳出在电视片中图像与文字在功能上的区别（见下表）。

蒙太奇思维作为组织信息、传达信息、展现关系的意识活动，其侧重点往往是在图像所传达的直观形象方面，利用图像之间的有意味的组合排列，使图像本身的意义得以增强。当然，蒙太奇思维过程始终也把语言作为一个有机元素考虑在内的。

图 像	文 字
传达直接信息	传达间接信息
展示现场气氛	补充难以直接从现场得知的有关信息
表现具体的事件过程	表现抽象的概念和意义
直感性	逻辑性
叙述客观事实	表达主观情感
利用现场	利用背景

三、视听语言与屏幕造型

在电视屏幕中活动着的被表现对象具有不容置疑的逼真感。无论是形态特征、运动特征还是透视比例、相互关系，都呈现出一种原始真实的状态。正是这种直观可视的再现真实环境的视听结构，成了电视的主要美学品性之一。

一种艺术形式要独立于其他的艺术形式，就肯定得有组成自己特征的美学体系。电视是现代科技的产物，它的功能特性自然就打上了科技的烙印。那么何以使直观性成为电视的美学特性呢？

首先，电视作为一种媒介的技术手段，提供给了电视直观现实的能力，电视可以轻易地捕捉到现实中的形象，而且这种形象是连续运动的、立体的、无法歪曲的。其次，电视语言的技巧提供了最大限度地再现客观世界的同时，也提供给创作者以最大限度表现主观世界的可能性。人们在看电视时，能从情节的铺陈、环境的烘托、人物的活动等个体的行为空间的重新组合中，感受到情感的意蕴和事件的意义。这两个特性彼此渗透交合，融会贯通，形成电视这一艺术形式非常独特的审美品性。电视传达艺术含义有两个方面：一是叙事的因素，人们欣赏时的艺术领悟主要靠电视独特的叙事观念来获得，这种叙事观念使视觉形象在创作者营造的环境中所反映出的意义要超出实际出现的实物，这可以说是电视语言的一个不可低估的魅力。二是造型因素，屏幕造型是电视这一艺术形式的一种特殊语言构成方式，其实它与叙事因素是不可剥离的。电视的屏幕造型不像绘画或照片那样只有单纯的构图和色彩的变化，它还包含了运动、节奏、剪辑等结构元素，以及语言、音响、音乐等非视觉元素，这些元素综合在一种线性的叙事中，表现为视听的一体化。人们在欣赏电视片时，意义以外的视觉听觉的审美感知，主要靠屏幕造型激发获得。

一般的电视创作者还有电视观众，平时追求或注意的点多放在叙事因素方面，忽视造型的表意功效，较少注意通过造型的手段来丰富加强电视的语言能力。其实画面的经营，如构图、拍摄角度的选择、色彩光线的处理、人与人之间、人与环境之间、环境与环境之间的关系比例，还有运动节奏掌握及人物的细微动作的展示，都可以增强电视叙事的语言能力，让人感受到更为细腻的情感，领悟到更为深沉的意境。

爱森斯坦说过，画面将我们引向感情，又从感情引向思想。可见画面不仅是现实的复现，同时还寄托了作者的审美情趣，它不光具有视觉上的感知价值，同时还具有美学价值，因此画面是电视这一艺术形式中最重要的造型因素。掌握运用得好，就能充分展露电视叙事观念的独特风采，反之就会使得电视归于平淡和庸俗。

画面是叙事的基础，事件的发展、人物的活动以至于作者所要表达的观念和思想，都必须以画面作为承载体。画面是一种独特的语言表意系统，影像所提供的环境与物体以及剪辑所提供的组合和对比，都成为电视节目中叙述、抒情、比喻、象征以至于说理的最基本的因素。

画面作为一种视觉语言形态，对电视片的风格形成也起着重要的作用，它反映出作者不同的审美情趣和美学追求。像《翻滚吧，男孩》《9·11纪念》这样的影片，充满了时代气息，摄影机频繁运动，构图不拘泥于规则，在剪辑和音乐上配合出色，或者是社会某个层面的真实反映，或是对某个事件的深刻回忆，让人感受到浓烈的感情凝聚。

大凡有特色的新片都有自己独特的气质和个性化的造型语言。

电视画面提供的视觉信息是多重的，观众通过感受、领会、体味获得美感享受。除了画面直接的形象感受外，还有色彩、光线等间接的气氛感受。像《龙脊》《迁徙的鸟》等影片的画面比较注重多种造型元素的综合运用，无论是拍摄角度，光线的处理，整个影调的设置都有统一的美学风格，而对人和动物的生存环境、生存状态也有真实自然的展现。像《毛毛告状》《母亲，别无选择》等影片则注重人物之间关系的反映和构建，用有景深的长镜头来展现复杂的心态和关系。像《范增》《白色星球》等影片，画面清新，色调单纯，注重环境意境的描绘。特别是前者，故事的主人公就是一位中国画家，而影片的整体风格也像是中国的山水画，让人充分领会到了一种意蕴和作者赋予作品的感情微波。

视觉语言对表达感情有独特的作用。它用充满激情的形象直接作用于人的感觉。如纪录片《无米乐》中，表现的是农民的普通生活，当水牛在水田里行走时观者可以感觉到泥泞的厚重，当片中的大伯把手放到刚从联合收割机中出来的大米中，也能感到那份湿漉漉、热乎乎的感动。《母亲，别无选择》中母亲对患孤独症的9岁儿子反反复复的教加法的场面，凝聚的情感通过可见的视觉元素——环境，把人与物的关系，人与人之间的关系表现得淋漓尽致，其中的撕心裂肺的感染力，是文字语言永远难以企及的。

屏幕造型中的听觉因素，常常被人们所忽视。特别在电视创作中，人们往往只注意解说的叙事说明作用，通过它来表现内容的发展，而忽视了其他声音因素以及它们对屏幕造型的特殊功能。

我们知道，电视不仅为视觉提供直观形象，还为听觉提供借助想象、联想、通感形成的内心视象，语言、音乐、音响与画面配合，融为一体，摆脱了单一造型手段的束缚，使屏幕形象有声有色。但是，人们对声音的认识是经过一段过程的，很长一段时间声音一直被视为画面的附属物，只是一种神奇的装饰，“百分之百”的音乐和解说成了影片的“声灾”，直到现在，不少影片还是解说词喋喋不休，音乐从头到尾，声音世界的许多领域（自然音响、主观音响等）远远未被充分利用，以至于“声音造型”的提法至今还没有被人们普遍接受。

其实，声音与画面一样，也有造型表现力。多种声音信息都在声画同步或不同步中出现，在人们审美感知过程中形成不同的系列或作用知觉，或激发想象，或调动情感，或引发思考。这种视听结合的表现力常常互为条件，画面为声音提供形象与气氛，声音为画面创造意境与想象。另外，声音还可以连接多种关系，画内的、画外的、现场的、非现场的。与依靠视觉的图像不同，靠听觉感受的声音能超越空间，也就是说声音可以由画内的人或物发出，也可以由画外的人或物发出，只要有最后关系的连接，我们就可以通过想象让它合理存在，并由此使得画内与画外的空间连在一起。当然，这种空间感在现实生活当中也应该是在时间上和地理上都连在一起的。除非是作为一个艺术化的处理，把异地或不同时间里的空间结合在一起，从而达到一种创作者主观化的效果。如《母亲，别无选择》中，母子刚刚因为儿子不肯自己去洗苹果而发生冲突造成不愉快，接着是在厨房做饭的母亲，与在另一房间里正吃着苹果的儿子的一段对话，画面上基本上是儿子的镜头，母亲在厨房里做饭的镜头只是作为一种环境交代，“韬韬刚才怎么了？”“韬韬生气了。”“生谁的气？”“生妈妈的气！”“哟，妈妈对不起你。妈妈给你做最爱吃的，韬韬最爱吃什么？”“烧茄子。”“对了，烧茄子。平时妈妈没时间，今天是礼拜六，妈妈给你做烧茄子，好不好？”“好。”用对话连接的这段情节，把母子之间的亲情关系充分展现了，虽然不在同一空间，却通过声音把两个人从地理空间和情感空间都连在了一起。

同画面造型一样，声音首先可以再现现实、再现空间。在一些纪实性的影片中，现场同期录音将现场的各种声音真实地再现出来，有远有近，有虚有实，纷纷扰扰，乱乱哄哄，这真实的声源以及声音的层次和音响透视，是与画面中表现出来的运动同时发生的，这声形一体化的运动形态具有环境真实感和情绪感染力，观众犹如身临其境，感受得真真切切。科学说明，人耳的分辨力比眼睛灵敏，闻声及物，听声见景，耳朵可以判断声音的方向、位置、距离，产生实际空间幻觉；电视中通过对声音层次、质感、音量、混响等的控制可以形成声音的“景深”。

在电视创作中，声音还是叙事的基本元素之一。解说承担了主要的叙事作用。一些背景材料，事件发展的来龙去脉，抽象的概念和说理，数据的比较，主观情感的抒发等，多是靠语言来表现的。

当然，电视中的声音运用，仅仅停留在再现真实的声音世界是远远不够的。作为艺术品，人们总是力求使它具有惊人的艺术感染力。这样，声音常常作为一种有力的艺术手段，为影片的主题服务，为刻画人物服务。

象征性的声音处理是调动观众艺术想象的有力手段，它表现出声音的艺术能动性和可变性。在电视节目中，音乐通常是最主要的象征形式，有时象征性声音所产生的喻意，能成为影片中一个举足轻重的角色。像《圆明园》中音乐的运用就比较到位，在气势磅礴的华美中带着悲凉和哀伤，在音乐的使用上并不做过多的引导，但却恰如其分地传递着影片的情绪。而在《奇迹的夏天》中，音乐的运用更加动感，配合片中小足球运动员们训练比赛等生活，全面地烘托出影片的主题。在《奇迹的夏天》各个不同的段落，导演通过不同情绪和节奏的音乐，对该段落的故事起到了一定的隐喻作用。在《9·11纪念》中，画面全黑，只保留声音部分，将“9·11”事发现场各种声音形态，包括呼救的声音，尖叫的声音，爆炸的声音，大楼坍塌时的轰然巨响，都被纪实地保留了下来。而这些声音因为黑屏画面的处理被突显。观者被放置于那时那刻，没有任何心理距离的感受到受害人的体验。在电视剧《奋斗》第一集当中，面临毕业的学生们向班主任老师整齐划一地喊出了他们的毕业宣言，这种声音的造型显得气势磅礴，把情绪推向了高峰。而随着声音的戛然而止，学生们给老师深深地鞠躬，立刻安静下来的画面给人留下的是想象空间和情绪的延伸余地，使人感受到了中国古典美学中所谓的“大音希声”的境界。

当然，电视片中的音乐与纯音乐作品中的音乐也是不一样的，作为艺术形式的音乐通过音乐语言的各种手段来叙事或表意抒情。因此，一部音乐作品本身就是一个完整而丰满的形象，而在电视片中的音乐，许多时候只是画面的一种补充，起一种情绪的渲染，节奏的把握，引发人的想象，抑或是从一个侧面去丰富形象和加强主题的作用。总之，它是片断、零散的，它只是叙事表意或造型的多个综合元素中的一个，只有与其他元素结合在一起才能发挥一种综合的效用。正因为它是一个辅助性叙事和表意元素，在以画面的蒙太奇为主要叙事语言的电视创作，音乐像别的非主导性造型元素一样，不可使用得过多过滥，只有必要的场景，难得的瞬间用它来造势造境。只有这样，电视片的音乐才有真正的意义。

想象和联想是艺术欣赏中最活跃、最富有内蕴力的因素。而从某种意义上说，声音有时最能调动人们的想象力。主观声音的运用常常是触发想象、激发情感的手段。声音的强调、变形以及声画的对列产生特殊的艺术效果，可以突出人们的心理感受。《雕塑家刘焕章》结尾的音响处理，镜头越远离刘焕章的家，而凿木声却越来越响，越来越空灵，这个在整个屏幕间回荡的凿木声，使观众的想象深入到人物的主观世界，去感受心灵的震颤。在《大学第一课》中，军训的画面把观众的情绪推到高潮，戛然而止的歌声，给人留下广阔的想象空间和情绪延伸的余地，使人的感受进入中国古典美学中所谓的“大声希音”的境界。

在电视创作中，声音与画面是不可分离的，两种叙事手段，通过相互的加强，共同的作用创造了立体、丰满的屏幕世界，欣赏者通过视听联想获得审美感受。当然作为表现元素的视听语言主要是融合在作品的主题思想之中的，正如阿恩海姆所说：“无论在什么情况下，假如不能把握事物的整体或统一结构，就永远不能创造和欣赏艺术品。”只有在对艺术整体的感知、理解、考察与分析中，才能把多种叙事造型元素统一起来，并使它们获得生命。

第三节　电视画面的表意特性

画面是电视语言的基本元素，它是活动在屏幕上的声像结构，它是电视创作的材料。不过它本身已经构成了一种复杂的状态，这主要表现在它有着深刻的双重性：一方面，它能准确、客观地再现镜头前的现实，不仅表现为时空的连续，而且是视听结合；另一方面，这种再现和记录又是依据电视创作者的意图进行的，是一种表现的结果。因此，电视画面中构成的形象是以多种标准的现实作为其存在基础的，而编辑在电视节目中的画面更是经过构思并通过蒙太奇的手段表现出来的一种新的存在。由此可以看出，电视画面作为电视语言的基本元素，其构成形态是很复杂的。我们将从它的记录功能和表意特性方面来论述。只有弄清电视画面的多重特性之后，才能很好地运用电视语言。

一、独立电视画面的表意特性

1. 单义性的再现

电视画面准确而客观地记录再现了镜头前的多种现实场景。由于它提供的是一种真实时空中活动连续的视象，给人一种强烈的现实感，它可以拥有现实中几乎全部的外在表现。电视画面中的物体是运动的，这可以说是电视画面的最重要特征。观众从中看到海的波浪在翻滚，火车在向我们驶来；画面中还同时记录了现实中的各种音响，它与画面中的影像互为补充，提供给观众一个真实的现实生活场景。然而由于摄像机的镜头本身只有客观记录的功能，使得电视画面只能是一种自然的现实主义的再现。它摄录的是现实在时间与空间中各种具体的、单独的外在的面貌，它获得的是一种直观的形象。它不像语言文字那样有种广义性，电视画面只有一个明确的、有限的含义。因此有人曾把画面表现出来的单义性比作那些尚不具理性抽象思维能力的民族语言。如让·爱浦斯坦说：“爱斯基摩人就用了十几个不同的词去形容雪，诸如正在融化的雪、粉状雪和冰雪等。”因此可见，画面与文字的差异是很大的。

然而，受观众意识的填补，电视画面含义会形成延伸，这就是电视画面的第二个特性。

2. 像外意义的延伸

摄像机记录的客观的物像，在一种特定的社会群体意识的作用下会延伸出比其自身意义更丰富的引申义。如在屏幕上出现一个人，在观众的脑中往往并不认为是“这一个人”，而是代表一种普遍意义中的人，成了抽象化的“类”概念，而不再是画面中实实在在的那个个体。这种观念的产生是人的大脑在观众的多种社会性文化意识的作用的结果。也正是由于有了这种画面意义的自然引申，在电视中可以用具体的物像来进行一种特殊的形象思维。这种思维就是独特的蒙太奇思维，这也是电视语言形成的一个重要依据，它为电视语言的联想、象征等意义的形成作了铺垫。

3．解释上的随机性

前面我们讲了电视画面客观再现了物质性具象，它代表的就是物象本身，其意义是具体的、有限的。然而由于镜头忠实再现的事件只是一种物质性的展现，本身并不能向观众指明其深刻的意义。这就使得任何一个具体画面，在其含义方面有了多种解释的可能性。比如一个战争的画面，观众很难单独从中看出是一种模拟的演习还是一场真正的战斗，也不能从中看明谁是正义的一方，因此这个战争场面的具象画面，可以有模棱两可的解释。当然，在电视中的画面（纪实性节目中除外）多是经过创作人员组织摆布过的，画面呈现出来的是有着他们倾向的一种形象，从而使画面中简单再现的内容有了鲜明的作者意图，从而超越了其物象性的内涵。这种画面已有了电视语言的思维在其中了，如从高处俯拍几个人在悄悄说话或者让一个乞丐站在一家餐馆门口的画面，都已不是简单的具象本身的意义了。

从以上的电视画面的各种表意特性分析可以看出，电视画面尽管在呈现形态上有着一种现实物象再现的真实感，其代表的意义也似乎就是其自身，然而由于多种因素的参与，电视中以物质状态出现的画面也在其间潜伏着电视语言思维的基质，使得同一个画面在电视的语言中有了多种解释、多重意义。

因此，电视画面本身并不具有完整的意义和明确的内涵，只有通过电视语言的思维，把它与相关的画面组接在一起，形成一个电视特有的语境时，它的真正意义和内涵才会产生。

二、蒙太奇电视画面的表意

蒙太奇是可以看见的联想。观众早就能猜到，在他们面前一个接一个出现的一系列画面肯定会有一个预定的目的或含义，就因为这个含义或目的存在，蒙太奇才能使得各个并非有实在意义的孤立的镜头有机地组合起来，并充分地表露出一种比它们单独意义相加更深刻更丰富的含义。观众无论在看什么电视作品时，总会抱着一种期望和推测其含义的态度，因为他们相信他们正在看的影片，肯定不是随意地把一系列画面粘连拼凑起来的，这种意识和信心是看电视片时在心理上必须具备的条件。也正因为格里菲斯创造了蒙太奇这种特殊的语言，并塑造培养了观众的蒙太奇意识和观念后，蒙太奇作为一种电影电视的语言才有了生存的空间。当然，作为一种语言，就必须有其内在的规律和法则。

有人把电视作品比作视觉文章，蒙太奇就是视觉语言的语法。普多夫金说过：“蒙太奇是电视导演的语言，正如生活中的语言那样，在蒙太奇中也有单词，即拍下的一段胶片；也有句子，即这些片断的组合。”

镜头语言，作为一种表意方式，也有类似于日常生活中语言表意的规则，这种规则是人们根据一定的生活逻辑和人们理解事物的逻辑方法所约定的，违反这些规则，观众就不能正确地理解镜头组合所表达的意义。

如果在一组镜头段落中间，没有使它们连贯的理由和规则，那么这种连接就会由于违背了语法规则而使得一连串的画面不能形成一种意义，这种连接就失败了。就像文字语言中不遵循语法规则难以让人理解含义一样，如“我”“电灯”“镜子”“看”这些词，如果用“我电灯看镜子”或“镜子我电灯看”这些胡乱的顺序来连接，这不能说是一个句子。因为它无法形成意义，人们肯定会觉得莫名其妙。如果用了语法规则或人们对事物的一种经验性认识来把它们组成句子，情况就不一样了。如“我看电视和镜子”“看镜子里有我和电灯”“我从镜子里看到电灯”等，用不同的顺序不同的语法连接都会有不同的含义。画面的蒙太奇也一样得有语法，否则就会失去意义或产生错误的意义。

比如有这样一则电视广告：一支枪子弹上膛，一个少女在奔跑，枪瞄准，少女在奔跑，扣动扳机，打出几块金牌。许多人谈起这则广告都觉得有些不可理解，它给人的直观感觉是枪在打那位少女。使人造成误解的原因是镜头组接时忽略了对应关系对视觉表意的影响。要使电视画面通过蒙太奇来形成所需要的意义或信息，首先必须得熟悉画面语言的结构形态和特性，只有这样，才能运用得好，最大地发挥其特殊功能，为用画面来表意做好准备。我们先来看看由画面的蒙太奇来表意的一些特点。

1. 一般说来，单个镜头是不能独立用来叙事或表意的，意义的产生是通过几个镜头组接成的镜头段落来实现的

镜头是画面语言的基本元素，本身并没有完整的意义，就像“原子或积木”，是一种材料或存在形态，只有通过对它们进行处理、组合才能浮现出其间的意义来。这就像文字语言，单个镜头就是一个词，不能独立表达意义。难以记录叙述完整的动作和事件，而是要依靠上下镜头的连接来完成表达任务。

在镜头语言中的这个特点，可以用库里肖夫的实验很好地来说明。20 世纪 20 年代初，苏联的电影大师列夫·库里肖夫把著名演员莫斯尤金正看着画面以外的某样东西的中性表情的脸部特写镜头，分别与一盆汤，一个被害的姑娘和玩耍的小女孩的镜头相接，然后再切用莫斯尤金一中性表情的脸部特写。这时观众看到莫斯尤金的表情已不再是中性了：当他的脸与一盆汤组接后切换回他的脸时，他的脸已是带有了细致的饥饿的表情；当他的脸与被害姑娘的镜头相接后切换回他的脸时，他的脸带有了伤感的表情；而当他的脸与玩耍的小女孩的镜头相接后切换回他的脸已露出羡慕的表情。

这一个实验表明，一个镜头（如一碗汤，一个被害的姑娘，玩耍的小女孩）本

身并不能有完整的叙事或表意功能，只有把它们与别的镜头组合在一起才有完整的意义。

这里有两点要说明。一是长镜头理论认为一个镜头就是一个完整的叙事段落，能够完成表达意思的任务。其实，长镜头是通过场面调度在镜头内部作了蒙太奇剪辑了，尽管在物质形态上是一个连续的未经组接的完整镜头，不过从影视语言的叙事观念上说，它也是经过组合排列而成的，只不过它更含蓄，在手段上更策略而已。它是蒙太奇的一种特殊形式，因此，从本质上说，一个长镜头已不是蒙太奇语言中的一个镜头了。长镜头虽然可以在连续的时空中营造一种更加真实的感觉，然而却难以像分切镜头的蒙太奇那样，可以灵活丰实地运用蒙太奇语言实现更为复杂的表意和叙事，这一点在后面还要讲到。二是有时候在作为一种呼应、对比或回答时，往往是一个镜头与前面的一组镜头段落发生关系。这时候的单个镜头比一般的单个镜头来说有一种相对独立的基质，而且镜头意义的含量也相对较大。然而这并不是说它可以独立表意或叙事，它的意义的准确与完整的表达还是依靠与它发生关系的一组镜头的联系中才实现。在文字语言中，如“今天能把片子编完吗?”“不能。”“不能”两个字在这里之所以能够相对独立，并完成一种叙事和表意，是因为它承接了上面一句话的一些内涵和叙事因素，并使它们处在一种关系中。因此，这里的“不能”，一方面是“今天不能把片子编完”这一叙事在语言上省略，也是在前后情节的关系所营造的特写语境中“因为……所以不能……”这一表意在意义上的省略。如果没有前后的关系，“不能”并不能独立完成“因为……所以今晚不能把片子编完”这一意义的表达。

在电影电视中，这种情况也是用得很多的，如在《闪闪的红星》中，米店老板在革命胜利的洪流中担心自己的大米被充公，想偷偷把它运走，并挂出“今天无米”的牌子。这一秘密被潘冬子发现后，他偷偷把牌子上的字改成“今日售米”，从而导致了穷人抢米的风潮。米店主气急败坏，怒火难平，责问“这是谁干的?”紧接的一个画面是另一个场景中老汉的夸奖：“这是潘冬子干的。”电影中“这是潘冬子干的”这个画面本身也不能完成一个完整的叙事，在这里之所以能使之产生一个相对独立的完整意思，是因为这个画面不仅承接了上个镜头“这是谁干的?”的一种对应关系，而且它也承接了上面几组镜头所表达的情节内涵的关系。这两种关系内涵同时在“这是潘冬子干的”这个画面中被承续延伸。如果是一个单独的画面，那些关系和内涵是不存在的，只有在它与前面镜头段落的组接后才存在，而且这种存在也不是直露的，而是隐含其间的，靠观众用一种蒙太奇的意识去挖掘和发现的。

2. 镜头组接排列的顺序对镜头语言的意义表达会产生重要影响

如同平时我们说话，一个句子中词的顺序的不同排列，就会有不同的意义，有时甚至完全相反。如“我喜欢他”“他喜欢我”，镜头语言也一样。库里肖夫对此也有过一个试验，他把三个镜头（①莫斯尤金向右微笑的脸；②一支朝向左边的手枪；③莫斯尤金朝右边恐惧的脸）用两种不同的顺序组接，给观众的印象是完全不同的。第一种连接的顺序是①②③观众似乎看到这个人刚刚还是很轻松自信的，而面对对方的手枪的突然威胁，则再也轻松不起来了，流露出了恐惧的表情；观众看到这个片断中演员表现的反应是胆怯。第二种连接的顺序是③②①，观众看到这个片断中演员表现的则是勇敢。这个人刚刚还是害怕的，对方把枪对准他时，他反而镇静下来，露出了笑脸，表现出了大义凛然蔑视对方威胁的勇敢姿态。

从这个实验中我们可以看出，同样的镜头，如果用不同的顺序进行组接，它们所传达的意义是不同的，这种顺序的依据，实际上就是生活中的逻辑关系。当然在镜头语言中，可以为了不同的意图，表达不同的思想。通过蒙太奇的特殊表意功能对镜头进行处理安排，则会形成不同的逻辑关系。由于画面本身具有的真实感，使得不知情的观众对创作者在银幕、屏幕上创造的逻辑关系有种不可抗拒的认同。这种特性，一方面可以为影视创作者提供表达方式上的一种灵活自由，然而也可以为他们在纪实性节目中制造与生活真实不相符合的逻辑关系。从这个意义上说，影视作品的创作者需要一种正义感和良心，而观众对银幕屏幕中提供的真实性，要有自己的判断。

一组镜头间不同顺序的镜头组接会产生不同的意义，同样，镜头段落前后安排的顺序不同所产生意义也可以完全不同。前者是局部性的改变，后者带来的改变则可以是整体思想意义上的。这里举一个电影史上有趣的例子。

爱森斯坦的影片《战舰波将金号》公映后获得了很大的成功，北欧的一个电影发行商想购买这部影片的发行权，希望从中大赚一笔。然而由于这部影片有很强的革命性，检查时未被通过，没有让他买。这位发行商不甘心放弃这个机会，他就要求卖方准许他重新剪辑这部影片，卖方同意了，不过他们的条件是不能对影片作任何增删。这位发行商也是个电影行家，他知道只要把影片中的一个场面掉换一下位置就既可以通过检查，又可以不违背卖方的要求。这部影片原来一开头的场面是表现军官怎样虐待水兵，给水兵吃已经生蛆的腐肉，当水兵很有礼貌地提出抗议时，临时战地军法会议决定把士兵的代表逮捕起来并判以死刑，并把舰上的全体水兵都叫到甲板上来观看执行死刑。“犯人”被带上甲板，行刑队齐步行进，但在开枪前的一刹那，枪手们把子弹射向了军官们，士兵们起义了！于是舰上和岸上同时展开了战斗。舰队的其他舰只奉命前来镇压“叛变”，但舰上的水兵却让起义的士兵驾着“波将金号”逃到罗马尼亚去了。

那么这位电影发行商是怎样改动的呢？他先不表现临时军法会议和执行死刑这两个场面，这样就使观众以为水兵之所以要“叛变”，枪杀军官们，并不是因为他们的代表被处以死刑，而只是因为食物里发现了蛆。从发动“叛变”到其他军舰前来镇压为止的一整段则毫不改动。但接下来的场面则是原来影片中出现的“叛变”场面之前的执行死刑的场面，这样一来起义者似乎就没有逃走到罗马尼亚（事实上是逃到了罗马尼亚），而是被执行了死刑。掉换了镜头位置后的影片，虽然没有删掉报复性的死刑，水兵的起义和行刑队拒绝执行死刑等场面，但其间的时间关系却因镜头段落位置的掉换而改变了，从而篡改了逻辑关系。结果给观众的印象是船上无缘无故发生了一次暴动，军官们迅速掌握了主动，而叛乱者受到了应有的惩罚。

在这里，既没有删去一个镜头，也没有掉换一句字幕，只是掉换了一个场面的位置而已，其整部片子的叙事关系及逻辑关系就完全被改变了，可以想见镜头顺序意义之重大。

3. 在镜头语言的表意中，两个以上镜头连接后所形成的意义要超过它们各自基本含义之和

在蒙太奇的语言中，把单个镜头组接在一起，就不再是两个镜头的简单相加，而是构成了一个有意义的整体。爱森斯坦曾说，“两个接合的镜头并列着不是简单的一加一，而是一个新的创造”。这也就是所谓的 1 + 1 > 2，因为在这里镜头与镜头之间已形成了关系，产生了新含义，就像两个化学元素放在一起引起了化学反应形成新的物质一样。爱森斯坦还说，“摄影机拍下的未经剪辑的片断既无意义，也无美学价值，只有在按照蒙太奇原则组接起来后，才能将富有社会意义的艺术价值的视觉形象传达给观众”。

从两个不相干的镜头对列中产生新的意思——爱森斯坦对蒙太奇的这种理解，最初是由于受到中国象形文字的启发：“水和眼睛的画面表示流泪；耳朵靠近门的画面 = 闻，狗 + 嘴 = 吠，嘴 + 鸟 = 歌唱（鸣），嘴 + 孩子 = 号哭，刀 + 心 = 忧伤等等，可是这就是蒙太奇！是的，这就是我们在影片中所做的事，把那些属于描写类的、意义简单的内容平常的镜头变成理智的镜头组合。”

通过镜头的对列，造成视觉的隐喻与象征，这是一种独特的视觉语言形态。爱森斯坦曾把它称为“理性蒙太奇”，并大量运用这种方法来表现具有理念意义的内容。视觉的隐喻类似于文字的比喻，利用两种形象的比较，使人们通过心理联想构成一个新含义。

那么，观众为什么能够理解蒙太奇，或者说蒙太奇剪辑的依据是什么呢？J. P·夏基埃说过：“联结镜头的蒙太奇是同我们通过连续的注意运动观看现场一致的。这就像我们在观看景物时会不断产生一种整体感一样，在一种精细的蒙太奇中，镜头的连续是难以被人发现的，因为它是同正常的注意运动是一致的。观众组成了一种总体表现，使他产生一种幻觉，好像在看真实事件一样。”

可以说一部影片的镜头连接是以人物和观众的视觉或思想为基础的。任何两个

相连的镜头都会使人以为它们有时间上的或空间上的关系，或者同时有这两种关系。这个前提具有根本性的影响，观众会以为几乎任何两个接连出现的形象之间都存在某种联系，而不问它们之间是否真有关系。例如，镜头中出现了一个人物，观众就会认为在下一个镜头里将看到下面的几种情景：

①他真正看到或当时正在看到的东西；

②他所思考的，他的想象或回忆所引出的事物（例如：《广岛之恋》中已死的德国士兵的画面）；

③他力图看到的事物，他的思想倾向（例如：他听到了一个声音，摄像机随即向观众展示音源）；

④在他的视线、思想或回忆之外与他们有关的人或事（例如：某人在对方不知道的情况下掩蔽起来，监视对方）。

在A与B中，镜头间的联系是由人物自身确定的，在C和D中，镜头间的联系则是由观众这个媒介来完成的。由于观众所见与镜头中人物所见是吻合的，所以两者的思想意识也就一致，这正是电影的基本现象，也是蒙太奇语言之所以能被使用和接受的基础。

苏联的电影工作者把蒙太奇发展成为一种完整的视听语言，但每个人在运用蒙太奇语言进行剪辑时都有不同的侧重。爱森斯坦是侧重在剪辑中表现冲突，通过在不同时空，不相干的镜头对列中，撞击产生新的含义。而普多夫金侧重于联想，让观众通过联想以实现叙事的连续。在普多夫金这里，镜头就像一个个“构件”，按顺序不断地积累起来，以局部与整体相联系，每个新的画面都构筑在前一个画面的基础上，并在联想中产生新的含义。不管侧重于什么，有一点是相同的，那就是通过组接产生新的思想。蒙太奇就是通过对列构成来发掘一个影像与另一个影像，这个镜头与另一个镜头之间的内在关系，并依据内在关系来组接的，使观众在镜头对列所形成的冲突和联想中，在心里激发起新的认识和思想，这是蒙太奇的本质意义所在。

4. 镜头语言在表意中，可以自由地处理时空，创造出影视语言独特的时空结构

通过镜头的组接，不仅能够分解和重新组合空间，延长或压缩时间进程，而且能为了某种特殊的表意需要自由地结构。苏联导演维尔托夫曾把这样四个镜头组接在一起：①英雄的棺材放下坟墓去（1918年在阿斯特拉罕拍）；②给坟墓盖土（1912年在喀朗士塔德拍）；③鸣礼炮（1902年在彼得格勒拍）；④脱帽致敬（1922年在莫斯科拍）。虽然这四个镜头是在不同时间和地点拍摄的，但是它们表现了悼念英雄的完整意思。所以，把不同时空成分的镜头根据统一的逻辑关系加以组合，可以构成一个意义整体，这是蒙太奇独特的结构方式。

一部影片中的各个场面，犹如一出戏中的各个场面，都是在观众眼前，在一种真实时间里进行的。一场戏原来要演多长时间，一旦拍下来以后，它的放映时间是跟原来演出时间相等的。在舞台上，只要幕一落，两幕戏之间的时间间隔可以听凭作者决定（当然现在一些戏剧里，其中的时间转换可以通过舞台上旋转或当着观众的面更换背景和空间，这一个过程，几分钟就完成了）。但在影视作品中，场面的转换不能像戏剧那样用布幕来分隔。那么时间的推移，特定时间的远近感如何表现呢？一种陈旧的方法是黑场，有点像戏剧中场次之间的拉幕和闭灯。然而这种方法用在画面连续的电影中会造成明显的中断和破坏审美感知的空间环境，因此越来越少用了。另一种比较合理的处理时间的方法是在两场之间插进一个以另外一个地方为背景的场面，这样，当我们再看到原来的地点时，就会认为已经过了些时间了。当然，究竟是过了多久，就得靠片中某个人来告诉我们，或用字幕直接告知，从场面本身是看不出来的。以前也曾经使用日历或时钟上的日期时间来告诉，这种方法也只能偶尔为之，要在每个场面的转换都用它就显得滑稽了。

一般地，在影视作品中，时间效果总是与空间效果联系着，也就是说观众常常会根据自己的经验，从空间的转换中来感知判断银幕屏幕中流逝的时间。在两个场面间插入的场面，背景与上下两场的背景愈远，观众也就会认为两场之间的时间隔得愈长。如果首先是表现一家银行里发生了抢劫，紧接着表现银行门外有人将进银行，再接着银行里的抢劫，那从时间上观众会认为只隔几分钟，抢劫仍可继续下去，观众不会觉得有什么脱节。相反，如果插在上下两个同一背景相连的场面之间，是一个离此地很远的与此地毫不相干的场面，那么这个插入即使时间很短，观众也会觉得过了很久。因此，这时要延续第一个场面中的事情就得有时间交代了，不然就会使观众感到突兀和难以接受。因为时空的真实幻觉被破坏了，也就不能继续跟着影视作品里的叙事作一种可行的艺术想象了。从这点上说，影视作品中的时空处理也不是随意的，它要符合蒙太奇的心理基础，这样才能让观众根据自己的经验和想象去联结镜头语言中的时间空间结构，与创作者共同完成作品的想象。时间与空间的处理，在电视中是一个很重要的特性，也是一个很复杂的问题，我们在后面一章中将详细作专门的论述。

上面讲的是蒙太奇镜头语言表意上的一些特性，充分运用这些特性来组织结构镜头，把拍摄下来的一个个镜头依据一定的逻辑关系和创作者的意图进行组合排列，从而使其成为一个完整的有意义的艺术整体，以完成最终的叙事和表意之目的。这也是编辑的目标和意义所在。

本章观摩影片

《复兴之路》《奇迹的夏天》《无米乐》《母亲，别无选择》《森林之歌》

本章思考与练习题

1. 什么是蒙太奇？蒙太奇的由来与发展？
2. 形象思维与文字思维有什么不同？
3. 如何理解电视的屏幕造型？电视节目中的图像与声音的关系怎样？
4. 电视画面在表意上有什么特性？

第 三 章
电视叙事中的时间和空间

【本章内容提要】

根据不同的需要，电视叙事中的时间可以有延伸、压缩、冻结、加速、追潮等多种形式。

屏幕空间有再现空间和构成空间两种形态。再现空间是通过摄像机记录、运动这两个特性再现物质的直观行为；构成空间是将一系列记录着真实空间的片断，经过选择、取舍、组合后构成的空间形态。两种空间形态在叙事或表意上各有自己的特性。

长镜头是一种特殊形态的蒙太奇。它是通过场面调度用不间断的镜头记录人和事在一段时间内的运动状态，从而保证了空间的统一、完整和真实感。

任何一种成熟的艺术形式都有自己的美学体系。只有用美学的理论来阐释一种艺术形式的特性，才能真正把握这一艺术形式的真实内涵和个性魅力。传统的艺术形式和美学体系的生成、完善，差不多要经历百年千年的实践和凝结，相比较电视这种艺术形式的时间还很短，然而它的发展却很迅猛，这一方面由于它与时代生活节奏结合得比任何艺术形式都紧，另一方面它与技术的合作比任何艺术形式都紧。因此，在电视的发展史上，许多的现象在理论上都还来不及解释和归纳，有时就难免会偏离电视自己的本性，然而总的来说，电视还是在自己的轨道上走着。

作为一种叙事观念，电视与电影可以说有种亲缘关系，尤其是它们的蒙太奇手法上更有渊源。运动着的物质只有在时间和空间之内才能运动，时间与空间自然也是影视“运动艺术”的存在形式。时间是它们运动的延续性，而空间则是它们运动的广延性。蒙太奇作为影视艺术的表现形式，说到底就是对现实中真实的时间和空间的结构，然后重新组合一种艺术中真实的时间和空间。正是一种新时空构成，使电影和电视有了无限变化的能量。

第一节　电视叙事中的时间

电视能创造自己的时间和空间，以适应电视在叙事时的任何情势，时间可以压缩或延伸；加速或放慢；可以按需要维持原来的长度不变；可以向前推进或往回追溯；还可以传达现在的时间。因此除了特殊情况（如现场直播）电视叙事观念中的时间是剪辑后创造出来的，是蒙太奇的节奏与并列所确立起来的，而不是真实运动持续的时间。同样，空间也可以接近或推远，紧缩或扩大，在透视上可真可假，甚至可依据需要重造布景。因此电视叙事观念中的空间也是在剪接中创造出来的，是蒙太奇构成的空间，而不是镜头里拍摄的实际空间。

因此在电视编辑创作时，在时间和空间上可以做到在任何时刻前往任何地方，一个事件可能把它的整个呈现出来，也可能把它分割成片断，只显示其中精彩的部分或印象；一场戏可能把速度加快，一个故事可能突然回到历史上的某一时刻，或转移到地球上的任何一个角落。时间和空间在这里可能是真实的，也可能是想象的，可以扩大或缩小，撕成片断或拉在一块儿。对时间和空间作人为的组合重造，目的是在叙事上增加视觉和听觉上的意义。

在这一节里先讲一讲电视叙事中的时间。

在纪年里的真实时间是线性的，永远向前的。可是在电视叙事的纪年里，却把事件呈现在磁带里，而不是真实的时间中。在这里时间可能分为过去、现在、未来和假设四种。它可以叙述一件过去发生的事情突然转到现在或将来的时间上。更可以把时间进行压缩、扩大，还可以冻结。当然在描述时间时，不能太乱，变得太多太快会导致观众不明白。

我们由此可以知道，电视叙事的屏幕时间与现实时间的最大的区别就在于后者是线性的连续的，而前者则只是给观众一种感觉上或想象中的连续，而实际上是片断的，打乱的。现实中不可控制的永远流逝着的时间，在电视叙事中呈现出多种复杂的形态，我们现在来论述一下电视叙述中时间的各种形态。

1. 延伸

在电影电视中，通过剪辑可以使几分钟内发生的动作延伸扩展为仿佛是几十分钟或几个小时的场面。做这样处理比较早的例子是爱森斯坦在《战舰波将金号》中敖德萨阶梯的那个段落。敖德萨人在沙皇军队的枪口下跑下阶梯的动作实际上只有几十秒的时间，而在影片的剪辑中延续了一大段时间，给人的感觉是一个几十分钟的场面。主要是通过在整个过程中穿插了许多反映细节的特写镜头——慌乱的脚步，惊恐的脸，滚动着的婴儿车，跌落的眼镜，倒下的身躯，还有枪。这一个个场面把沙皇军队对那些无力反抗的敖德萨人的残暴展露得淋漓尽致。电视中这种把时间延伸的情况更是屡见不鲜，如在足球赛的转播中，往往把不同视点不同角度拍摄的同一个场面的镜头连接在一起，清楚地展现精彩传球、过人、射门过程。有时还会通过重放，插入观众的反应镜头来使时间得以延伸，从而使观众觉得很过瘾很满足。

2．压缩

在电视叙事中，也可以通过片断的闪切，把几小时甚至几年几十年时间压缩成几分钟。编辑时保留原时间序列中对创作主题有用的浓缩的片断，按蒙太奇的手法把它组合在一起，以完成跳跃性简要叙事。这也是一个时间结构上完整的叙事，只是这时的时间结构是创作者按照自己的意图而设计出来的一个完整的有意义的序列。在纪录片《高三》里，编导用几十分钟的时间，展现了一个高中毕业班在一年当中学习和生活的过程。在纪录片《老头》当中，导演从 1996 年至 1999 年，花了近三年的时间，关注了北京青塔小区一些老人的生活。这段时间中的变化被记录在近 200 分钟的素材中，最后在成片里保留了 94 分钟，记录了一群老人的一段生命时光。而文献纪录片《你好，香港》以香港回归前后的一百多年的历史为线索，回顾了香港回归祖国的艰辛历程，讲述了毛泽东、周恩来、邓小平、江泽民和胡锦涛等几代中国领导集体为香港回归和繁荣稳定所作的历史贡献。片子通过香港回归十年的风风雨雨，在 100 分钟的时间容量中展示了“一国两制”伟大构想在香港的成功实施和辉煌成果。

在电视叙事中，对时间的处理，用得最多的就是对时间进行压缩，整部片子经常是由若干时间片断连缀在一起的，每个片断都是电视编辑根据叙事表意的需要，从时间的全部流程中截取两点间的个别部分，组建成一个线性的视觉——听觉结构，供观众感知。当一个镜头片断结束时，就意味着那个镜头内在时间（即镜头内反映事件的时间流程）的结束，随之而来的则是外在时间，这是电视创作者设计出来的一种幻觉时间。因此各个镜头的片断之间都存在着内在时间的空白和间断，这些空白是需要观众用想象和联想去填补的。因此电视片里时间是一种电视叙述时间，它是电视创作者创造性思维运动的流程。

3．冻结

冻结是指在电视叙事过程中，根据叙事结构中人物特定的心态让时间暂时静止的叙事手段，它是很主观化的一种人物心态的流露。其实也是电视创作者设计出来的一个非常状态，它在表现手法上可通过画面的定格，语言的解说或叙述结构上的轮回来实现。如在电影《广岛之恋》中原子弹爆炸的那一瞬间，仿佛世界已经毁灭，时间不再前进，到处是一片空白，人的脑子也出现了真空。故事的叙述在那一瞬间也暂时终止了，人的思维也在那一刻得以凝固。在电视中，画面的定格则更是常见。为了满足观念的欣赏心理，编辑时往往用定格的手法，把观众最关注的那一刻用照片的技术把它静止，让观众看个明白，知道究竟。如在体育比赛时，看一个动作有没有犯规或一个球有没有出界，常用定格画面让观众去评判、争论，这可以增强转播球赛的激烈程度，也可以提高观众的欣赏趣味。

这种手法可以创造一种奇特的、动人心弦的效果，有时则富于一种象征的意义。如《夜间来客》中，当魔鬼的使者停止了时间的进程时，影片便用正在跳舞的人们像被施了定身术一样突然停住不动了，以此来表现时间的停顿和静止。用定格画面来表示时间静止这种手法的创始人弗朗索瓦·特吕弗在《于勒和索姆》中，当两个分离多年的朋友喜相重逢时，一次短促的，几乎不易觉察的画面停顿，似乎想让这一美好时刻永远留驻。

在使用这种手法时必须谨慎，不然很容易使人有造作感，反而弄巧成拙。因为当影视片中用一种很主观化的人工技巧来表现时间的停顿时，一方面，这时间的静止在叙事中只能是暂时的，终究又会恢复时间的流程；另一方面，观众的现实时间（观看影片的时间）是永远流动着的，因此影片中的时间停顿会令他们有种刻意的感觉，弄不好不仅不能引起共鸣，反而破坏了一种审美感知的情境。只有创作者能巧妙地使观众感觉不到那是一种停顿，也即他的呼吸在这一刻也停止或他也想永远停留在那一瞬间时，这种创意和表现才是容许的成功的，这就需要保持那种特定的审美感知的时空观念。

4. 加速（即快速镜头）与减速（即慢镜头）

这也可以说是影视作品中对时间作压缩和延伸处理的一种手段，然而与上面论及的作为蒙太奇组合的时间的压缩和延伸又有些不同，因为作为蒙太奇组合出来的时间是一种影片的内在叙事节奏，而通过镜头的加速和减速来表现的新时间是一种影片的外在节奏或心理节奏的外化形态。它往往用来表示一种玄想，一种希冀或达到一种喜剧效果，象征意义。

在《钟表匠奥乃斯姆》中，主人公为尽早获得遗产，竟去拨快了天文台用以调校标准时间用的时钟，于是所有的时间都奇迹般地加快了。快速镜头使一个新生儿在几分钟内就长大成人。《广告女郎》里，广告女郎实在难耐美术工人慢吞吞地在广告牌上描她的名字，她梦想这幅广告牌能迅即完成，于是，快速镜头表现工人的开始发疯似地工作，这是广告女郎的一种幻想。

慢镜头可以使人看清肉眼难以看清的快速运动，如腾空的火箭，飞转的螺旋桨。然而它更多用以表示一种独特的戏剧心理和象征意义。在《亚洲风暴》中，英军将领命令追击苏联游击队，此时画面上是许多英军士兵以慢镜头的动作向右转，这种效果象征着占领军在他们的非正义战争中的无能为力。而在《生活的代价》中，一位年轻姑娘为逃脱别人强求她与之结婚的男人，剪去了自己秀丽的长发，此时头发缓慢地飘落在地的镜头，说明从此她的幸福美好、无忧无虑的青春时光已流逝。

以上这些例子都是通过对时间作快速镜头或慢镜头的处理，以使得画面中人物的内心节奏用一种形式化的东西进行外化。由于这是一种与真实时间感相差甚远的处理时间的办法，只能说是一种技巧，而不能说是一种艺术的、美学的时间构成，因为它并没有能够融入影视作品蒙太奇语言的内在叙事节奏，恰恰相反，这种心理节奏的外化方式是与影视作品内在的蒙太奇叙事节奏分离的，是一种对统一的破坏。

5. 倒转

倒转是一种与快速镜头和慢镜头相似的手法。影视作品中常用这种手法来制造笑料，因为它总是表现为一种反现实、反物理的形态出现，给人以滑稽的感觉。早在 1896 年卢米埃尔就通过反方向放映胶片从而使一堵塌倒的墙重新建起。在《十月》中，爱森斯坦也用这种技巧来表现：当克伦斯基上台后，一座已被推倒的沙皇塑像又重新自动回复原位，象征一种复辟。

这也不能说是真正意义上的蒙太奇语言，因为在镜头之间它缺少一种内在的本质性的联系，它甚至称不上是一种手法。既缺少文学语言的含蓄和隐喻效果，也没有作为影视蒙太奇语言中镜头组接中应该具有的逻辑性、真实感，甚至也不具备快速镜头和慢动作处理时的那种心理感受。总之，它不能称作是一种语言或手法，它是一种没有内在能力的技巧。

6. 由现在追溯过去

这也是影视叙事结构中常采用的方法。它可以用来描述现在故事发生之前所发生的一些事，或者它可能把时间退回去，用来描述以前并未显示过的故事的一部分，也可用以复述以前显示过的一件事。因此一个故事的结构中，可以从现在起讲述几年前发生的故事，或解释现在故事中并未向观众展现过的一件事（在库里诺夫的电视片《马克思的青年时代》里讲故事的就是成年马克思)，也可以讲述他们对以前发生的故事的看法。回溯可以用来把一个神秘故事的实际遭遇显示出来，把结构的要点弄清楚，它可以把以前所发生的事情显示出来，以便为现在的事态提供一些背景材料。如故事片《落水狗》就是由五个并不相识的人组成的团伙，在抢劫珠宝店时发现有内线遭伏击开始，追溯事情的缘由，最后才发现其中有一个是卧底的警察，从而真相大白。这种结构使观众疑窦丛生，悬念迭起，增加故事的神秘感、紧张感和戏剧效果，提高了观赏性。

电视新闻专题报道中，更经常在介绍一个新闻人物中或一个新闻事件时，穿插一些有关的过去的背景资料，一方面让观众明白事情的由来脉络，另一方面可以给观众一个自我评判的客观可能性。

更复杂的回溯结构是由一个人物的回溯中再进行回溯。当然在电视中运用回溯的结构，不能为了制造悬念增加神秘感而最终让观众云里雾里不知所云，如果是那样就完全违背了这种结构的初衷了。因此电视创作者必须充分注意，不能让含有破坏纪年和连续性倾向的回溯使观众迷失方向，而且太多的回溯往往会破坏结构的节奏，并妨碍累积而达到高潮的建立。

7. 由现在对未来的悬想

这种电视叙事方式虽然一般也是用现在连续来呈现，作为它现在正在发生，不过它是一种预言、设想或想象，是即将发生或可能发生的事。因此在这种情况下应该让观众感觉到时间因素，以免发生困惑。可以说这种时间是双重式的幻想，一是对于事件本身的一种未来猜测，二是把它整合进电视片中又经过创作者的一重想象。

上面谈到了电视叙述中处理时间的几种方法，其实在用电视叙事观念处理时间时，几乎没有一般的规律可循，剪辑时主要是一个直觉过程，当然在剪辑时应该意识到每个影像都有自己的时间感，剪辑选择镜头时要密切注意预期的效果。客观现实的有次序的时间，在电视叙述中被人为地分切，这说明这里的时间有一定的主观性，反映着不同程度的主观现实，获得了某种心理时间的性质，是一种艺术的时间，美学的时间，而不再是现实的物理时间。

在静态的视觉艺术中，只有在观赏者把自己的审美经验加进作品中去时，心中才会产生一定的幻觉动感。而在电视这种视听结合的动态综合艺术里，时间这一维度被加了进去，而且可以为某种叙事和表意的目的任意切割和重新组合排列，使得时间这一元素在电视创作中有了无限变化的可能，也使电视的叙述有了更丰富的语言。

与电影同样的以蒙太奇手段为主要叙事观念的电视，因其作为一种大众媒介，使得它在时间的特性上比起电影有更复杂的形态。因为电视除了具有与电影同样的艺术化的假定性情节时间以外，还可以拥有真实直播信息的时间和时间流。电视直播信息时间表现着电视时间将经验时间和观看时间融为一体。电影只有信息形态，而电视则除具有独立信息形态以外，还有时间流的形态；电影时间只能是储存的，而电视时间还可以是经验的；电影时间只能是局部的，而电视时间还可以是连续的；电影时间只能是一种封闭性的结构，而电视的时间有时还可以是开放性延续的。因此电视信息时间比起电影的信息时间要丰实得多，电视时间的整个模式也比电影模式具有更大的可能性，这主要因为电视本身的性质中包含着大众传播媒介的时间性质。

纪录电视叙事的持续性，使我们可以通过电视屏幕跟踪实际事件发展的时间，平行地叙述当代人的故事。这使得电视在艺术地把握处理时间上又迈进了一步。电视中的人物可以与观众时代生活平行发展，它们不因时间的距离而彼此隔阂。尤其是电视纪录片中的时间，虽然也是过去记录下来的时间，也即是一种艺术的假定性的时间，然而由于它拥有电视播出的实际时间，与观众建立了关系，加上电视纪录片在编辑时尽量保留了时间的原始连续状态，因此制造出了真实时间的幻觉，给观众以一种实在的、现时的，也即与观众经历的时间相吻合的独特时间感。

电视一出现就是以真实时间为标志的，自始以来这种意识深入观众心中，也使之成为电视传播渠道根本性的、结构性的性质，并成为电视节目强有力的构成元素。即使是观看录像，只要是按照直播的结构包装，电视观众们会有真实时间的幻觉，从心理上认作是现场直播。

电视上的多集连续片的播出的时间延伸性，更使观众从深层结构中，从事件合乎逻辑，持续发展的时间上感知事件。它很接近观众们的现实生活的发展，使得电视时间，给人的感觉上是像真实时间一样单向的，不可逆转的。当然，这只是从电视作为一种大众传媒的特性上来分析的，不过明白了电视的这种特性以后，就应该注意电视叙事的观念上要与电影拉开一些距离，谨慎使用蒙太奇，使得电视在叙述上更接近现实时间，至少有种现实时间之“感”。要少用闪回、跳跃、联想等手法，而多采用依照情节时间顺序从容不迫，平铺直叙地讲故事。确立这样的电视叙事观念对增强电视的魅力很有裨益。当然我们决不放弃灵活而又富有成效的蒙太奇手法为电视叙事所用。

随着艺术创作的发展，随着艺术家创作心态的日趋复杂，电视的时间结构也在向多层面拓展。屏幕的时间概念，不再只具有天文学的意义，也就是说，不再只是叙述性的过去时、现在时的线性延续，而是具有了某种超越具体时间的哲学意义。

有时，有意摆脱叙事性的具体性时间进程，使时间概念抽象化，去表现某种观念运动和概念运动。在一些政论性的电视片中，如政论片《再说长江》《居安思危》等，不再具有叙事意义的时间概念，而时间的感受只成为意义（观念和概念）理解的过程。有时，在一个具体的时间延续中，出现两个完全不同的时间层面，它们既真实，又不真实，既具体，又不具体，具有一种象征性意义。例如在纪录片《圆明园》里，导演把关注点放在了清朝几个皇帝的更迭之上，从康熙、雍正到乾隆、嘉庆等历史景片前，通过一个园林的变迁和遭遇，解读了中国文化在近代历史上的这段往事。在片中，圆明园的遗迹不时的出现，比如在残雪融化的隆冬时刻里的大水法等。这些遗迹象征着某种历史的伤口，某种屈辱的记忆。而这时的空间脱离了具体的叙述时空，而具有了双重的含义。

有时，在具体情节近乎真实的时间结构中，闯入一个完全不现实的时间层面。例如在电视片《长江漂流》第一集，一路叙述漂流队员上源头的艰苦经历，到源头后用了一组抒情的镜头：雪山冰峰、融化的雪水、晶莹的墙……这是隐喻触发的想象内容，是脱离连续性轨道而游离出来的时间。

时间本身是抽象的无形的不可感知的，必须依附于空间结构中，人与物的活动和变迁才能令人感知。因此，许多与时间相关的情境，分析了屏幕的空间结构后会更明了。

第二节 电视叙事中的空间

电视的叙事过程中动作由一处转换到另一处，这就含有了空间的连续，这种空间的连续也像时间一样，并不是真实的连续，而是一种艺术的美学的连续，因此，要让人接受，就得把这种转换以合乎逻辑的样式显现出来。这种逻辑关系可能是心理逻辑、审美逻辑或想象逻辑，总之它得符合电视叙事观念的逻辑。在涉及有时间的连续时，假定观众对于它的突然变化是了解的，空间的连续跟时间一样，也可能向前或往后移动，加速或放慢，或者干脆立即移换到另一个地方。电视创作者有必要向观众交待清楚事件发生的地点以及它的运动方向。

电视里的空间，可以在各种手段下（如剪辑、光学等）根据叙事的目的拉近拉远或浓缩扩大，也可以在透视上长点心思产生错觉空间。如果利用巧妙的剪辑和富于想象力的叙述，就可以轻易地把不重要的空间省略，从而使空间的关系发生变化。一个淡出，一个翻页或任何一个特技，只要符合叙述的逻辑需要，就可以跨越百里。在透视上，通过透镜焦距的选用，可使人与物的关系或背景的距离产生剧烈变化。有创造性的故事结构，可通过人物的活动或情节的安排来涵盖很大的区域，并使观众觉得他并没有漏掉许多地方。电视上，一个人关上家门接着走入街道的人群中，把那些不重要的过程切除的剪接，观众完全可以接受。同样，《开国大典》里毛泽东等新中国的第一代领导人走上天安门城楼的那段台阶，走了比实际时间长几倍，观众也不觉得不合理，反而认为这样处理很得当。电视里的空间，与电视中的时间一样可以有多种存在方式，目的只是为了叙事的需要，创造种种的符合叙事逻辑的艺术空间美学空间是应该的。当然，作为大众媒介的电视直播现场、演播馆、异地切换等因素，使得它的空间形态更复杂更多变。

电视叙事中，多数情况下，都是时间与空间交叉使用的，如果在一个大背景里讲述一个故事可以用时间来连续；而描述一次竞赛或一场追逐等动作性很强的片子，可以只用空间的连续来讲述。比起电影来，电视更讲求明白易懂，平铺直叙，要让观众随时知道事情发生的地点，切忌故弄玄虚，把空间处理得太乱，使观众坠入云雾之中。

电视叙事中的空间，同电影的空间很相似，其间不但充满运动，还具有了时间的维度，这使得它与绘画、照相、建筑、雕塑等造型艺术的空间相比，有了质的变化。1895 年 12 月 28 日，电影宣告诞生，电影空间也随之诞生，它有能力再现自然的物质空间，有幸第一次看电影的人实在也很“不幸”：“火车好像从银幕里驶出，奔向观众似的，使观众看了大吃一惊，以为真会被火车轧死。”而后到 1900 年斯密士又使电影空间向前推进了一步。他摄制的《祖母的放大镜》中，先用中近景拍摄祖母及孙子，孙子抓住放大镜，后面是一串圆圈中的特写镜头：钟、金丝雀、祖母的眼睛和猫头等。法国研究世界电影史的乔治·萨杜尔为此欢呼："这种在同一场面里交错使用特写镜头和远景的方法乃是分镜头的原则；斯密士就通过这一方法创作了最初的真正的蒙太奇。"当然这种蒙太奇是最初级的了，然而斯密士使电影空间从静态走向动态，从三维走向四维这一步，却是革命性的一步，使电影空间获得了独特的个性，它可以由创作者的主观视点去组合空间。

而真正使电影空间从再现空间跨向构成空间，而使电影的语言得以确立的是，苏联的电影艺术家们孜孜以求的蒙太奇理论和分镜头美学。他们让蒙太奇的空间重新构成这种形式赋予了一种意味，使它成为电影叙事的语言支柱和手段。

电视叙事观念中的空间，它与电影中的空间相似，可以通过摄像机直接再现现实空间，也可以通过剪辑技巧重新构成空间，它超越了空间的物质性质，表现为一种经过创造性的重新构建的艺术的美学的空间。这些空间形式都依附于电视的屏幕空间中。

那么，什么是屏幕空间呢？我们可以这样说，它是屏幕画堆内表现出来的物质现实的影像形式。它是电视造型运动赖以存在的基础。在这里面可以产生出多姿多彩的空间。

屏幕的长方形画框，是对广阔的现实世界的选择与省略，它打破了人眼正常视域范围的限制，根据创作者的意志被分割成不同视点、不同景别的局部。通过这种局部空间的重新组合，与整体的现实空间联系起来。

屏幕上处理空间的形式有两种：一种是再现的空间，一种是构成的空间。

再现空间，通过摄像机的记录特性和运动特性，再现物质的直观行为空间：有形的形态造型、有形的环境背景、有形的主体运动，从而使人产生真实的空间感。摄像机的多种运动形式推、拉、摇、移、升、降不断变换着视点并改变着画面的空间格局，在连续的运动形态中，展现完整的统一空间，而观众在连续时间的流动空间结构中，得到空间再现的知觉。这虽不是真实的现实，但它却最大限度地消除了屏幕形象与现实的隔阂。

从传播的角度来看，电视屏幕的空间是一种通过电视叙事反映的真实的实在的空间模式，同所有其他空间视听记录方式相比，电视的空间模式具有最广泛的、包罗万象的参数。它可以再现记录地球上的任何一个空间点，它能深入地球内部，也能潜入大洋深处。而且电视还能摄录宇宙空间，并保证一种真实性的物质空间复原。巴拉兹在《电影美学》一书中谈及这点说："随着摄影机去搜索整个空间，并利用我们对时间感测出各个拍摄对象之间的距离，我们在这里感受到的是空间本身，而不是有纵深度的空间画面。"这种手法成为纪实美学一种常用的创作方法。

再现空间，可以说是电视屏幕空间的一种还原存在特性，它主要是针对摄像机的记录功能说的。真正作为电视叙事观念中的空间，它应该是一种构成空间。

构成空间，不是真实空间在屏幕上的直接反映，而是将一系列记录着真实空间的片断，经过选择、取舍、重新组合后构成的新的空间形态。这就是我们通常所说的通过剪辑“创造出的空间”。电视正是利用这种方法把观众带到一个特殊的世界中去的。它利用画框把空间分割、压缩，又利用人的视觉错觉和心理机制使空间扩展、延伸，在一种独特的运动形态中提供了空间表现的自由。

从叙事表意的艺术功能角度看。构成的空间创作中有这样几方面的作用：

1．通过局部空间组合表现事物的全貌

全景、中景、近景等不同景别具有不同的介绍功能，在一组镜头中，把这些不同景别的镜头有秩序地组织在一起，可以在屏幕上看到这个事物存在的相对完整的空间面貌。这种用局部空间组合表现的方式也符合人的视听感受规律，人的眼睛视线和耳朵的听觉关注的强弱是随主人兴趣点的变化而变化的。摄像机的位移和镜头的变焦等推、拉、摇、移也与人的眼睛一样，会用视线运动停留及关注的程度带来的聚焦（凝视）点或视域（景别）的变化来观察一个空间，并从中综合出一个印象。

2．跳跃性的空间连续突出了高潮点，简化了叙事的过程

通过镜头、场面、段落的分切组接，对素材进行选择和取舍，保留实质的主要的内容，而省略删除繁琐多余的部分。这样可以突出高潮点，强调具有表现力的细节，使内容详略得当，主次分明，隐显适度，既简化了叙事的过程，又达到了高度集中概括的艺术效果。跳跃性的蒙太奇空间组接不仅保证了观众连续的空间幻觉，也留给了观众以想象的空间。例如表现一个人走入会场，走到前排坐下这样一个完整的动作过程，只选取走入会场，与一些同事打招呼，走到座位前坐下几个动作和高潮点，省略掉中间不必要的动作过程，这同样表现了一个完整动作。

3．引导观众的注意力，激发观众的联想

由于每一个镜头只表现一定的内容，组接时又依照创作者的一定意图而变成有序，这就引导着观众的注意力并影响观众的审美情趣、审美心理，同时激发观众联想，引导他们参与创作。

4．丰富了叙述方法和结构形式

构成空间可以对现实的空间进行剪裁、加工、组织、改造，使之成为独特的艺术元素。这不仅使电视在空间的表现领域上更加广阔，而且由于在剪裁取舍上的灵活，转换上的自由，组合上的多样化，使得电视在叙述方式和结构形式上更趋丰富多彩。

5. 表达寓意，创造意境，制造情绪和戏剧效果

利用空间的对列，把两个或两个以上不同空间同时或不同时发生的事件系列平行组接，使它们之间发生关系，有机组合、相互作用，从而可以产生强烈的情绪效果、戏剧效果和丰富的寓意，它的含义远比单幅画面、单个镜头的要丰富和深远。

6. 形成多种节奏

构成空间是电视片中制造节奏的重要手段，它可将内部节奏、外部节奏，视觉节奏、听觉节奏有机结合起来，以体现剧情的发展，使片子的节奏丰富多变，生动自然而又和谐统一。节奏的变化往往也为增强叙事的艺术感染力起重要作用，它能引导观众的心理情绪向着创作者设想的情境中去。

与此同时，屏幕的空间是一个比生活中的现实空间更为广泛的概念，它不仅能反映一部分生活原貌，而且能成为一个在价值上独立存在的理想世界。它不仅仅是事件发生的环境背景和运动状态，而且作为充满活力的造型因素，承担了产生含义和表达情感的作用。

《喜马拉雅》的故事发生在一个弥漫着浓郁藏域风情的小村庄。这些生活在喜马拉雅山脉最深处的人民，诚心于信仰，注重生存的荣誉感。一场关于信任和尊严的故事在铺天盖地的风雪中，在高陡万丈的雪山悬崖边发生。此时的喜马拉雅雪山，已经不再是单纯的故事发生地，而有了某种概念性的隐喻，是某种精神的外化。

《哭泣的骆驼》中辽阔的草原、散落的蒙古包与淳朴的人家交替出现。故事的展开是为了解决小骆驼和母亲的关系，让小骆驼能够吃上母骆驼的奶水，能够活下去。不过片子的叙事并不紧迫，相反有一种贴合草原气氛的舒缓，而在片中当女主人唱起蒙古的长调的时候，母骆驼终于接纳了自己的孩子，人与自然的和谐共处也被彰显出来，空间关系也成为了一种独特生活方式的象征。

除造型性的空间铺张外，节奏性的空间转换同样是电视表达情绪和情感的艺术手法。伊文思在《新纪元》中把丰收的麦田、粮食被烧、牛奶被倒入大海的镜头和骨瘦如柴的饥饿儿童的镜头组接在一起，通过形象的鲜明对比形成一种强烈的控诉力量，产生了震撼人心的力量。而在《又见梅兰芳》中，梅葆玖在剧场座椅上对父亲的回忆、梅兰芳弟子们的表演、历史性的资料片段以及实景拍摄的许多空镜，各种空间的更迭形成了视觉上和心理上的节奏，也对特定情境中的情感进行了强化。

屏幕的空间影像系统越来越为人们所重视，它有时是比叙事更为重要的美学因素。通过造型因素传达含义，形成独特的影像风格和美感，已成为电视思维的一个新内容。

同电视叙事观念中的时间一样，由于电视是作为一种大众媒介，其叙事空间比电影的构成空间有着更为复杂的形态，在电视创作时必须考虑到大众传播媒介的传播规律。在这里不仅传播者可以通过电视作品，反映比一般空间视听记录方式更广

阔的真实空间模式，而且电视的受众也获得了把握空间的可能性，因为电视进入家庭中，改变了以往分成各种小群体观看的空间环境，并极大地扩展了整个电视观众的空间范围。当然这对电视叙事的观念没有直接的影响，然而在电视叙事时，必须考虑因大众传播的特性对观众感知空间的影响。单独具体的个人也进入了一种感知的新的空间环境，一种与屏幕距离接近的在家中观看的环境，它缩短了心理信赖距离，变成了一种亲切感知，使观众与电视作品中的人或节目主持人产生一种生活化的亲近。

从传播渠道角度看，电视掌握了远距离即时传播信息的范围，与电影只能给一批处在同一场所的观众播放不同，电视则可以同时为众多观众播出，电视作品通过信息覆盖了广大的地域，并使那些分散在各种小空间里的观众统一在同一个感觉空间之中。一些好的电视片，更使众多观众同一时间聚集在屏幕前，在一个用电波连接着的无形的同一空间中共同感受着电视作品中的空间。如20世纪90年代初期观看《渴望》等电视剧，出现了街上行人稀少的情况。而《春节联欢晚会》《奥运会开幕式》等现场直播，更把种种空间形态复合在一起，不仅有现场空间、屏幕空间和叙事空间，还有观众个体和群体的审美感知空间。电视创作者（传播者）通过电视作品反映的生活现象的空间，电视信号覆盖的空间以及观众的空间等每种形式，都这样那样地影响着电视叙事的观念，影响着电视内在的屏幕空间。

电视是一种在空间里展开的时间艺术和在时间中连续的空间艺术。

电视给人们带来的最大的乐趣，大概就是看到了真实的生活世界。录像机拍下了生活中真实的场面：楼房在爆炸声中坍塌；罪犯被带上手铐；美国总统在众目睽睽之下被击倒……迄今为止，还没有哪种媒介形式像电视一样，在表现现实时有如此明显的逼真性，以至于人们可以这样认为，“电视……就是现实本身”。

电视的纪录本性奠定了电视的纪实性和逼真性的基础。外部世界的全部多样性——形态、运动、空间、时间等，通过录像设备的物理和电磁效应真实地表现出来。现代科技的成就使电视的逼真性不断完善。它不仅让人看到真实的形象世界，而且听到真实的声音世界，这一切又培养了人们特殊的审美要求。人们总愿意用“是否真实”来衡量电视中的世界，哪怕是一个细小的失真，也会因被观众识破而遭到非议，然而，有趣的是，这个被人们认为是最真实的世界，其实只是“真实世界的影像”。屏幕上的现实，不是现实生活本身，尽管它可以表现风驰电掣的运动，也可以展现多彩多姿的景观，但这些都要落实在独特的物质结构形式——录像磁带上。人们看到的无限丰富的运动现实，并不是物质的现实本身，而只是物质的影像。

屏幕的世界，是一个假定性的真实世界，它同其他所有艺术形式一样，具有自己的特定形式，不过这种假定性与它的纪实性和逼真性相互作用，演变出不同于其他艺术的特殊形态。

像绘画一样，电视也是在二维的平面展现三维的立体空间。这种立体的空间幻觉同样是靠线条、光线、透视、影调获得的。绘画艺术的假定性，为艺术家提供了改变视点和透视形式的自由，一幅《清明上河图》，表现了无数个视点上的透视关系，也正是绘画艺术的假定性，使观众对这种散点透视的格局产生认同。但是，由于摄像机的光学特性，电视在再现周围实际的三度空间上更为精确，这种空间的幻觉更大程度上接近于现实。因为，摄影镜头是通过与人眼看东西相似的透视比把形象记录下来的。

像戏剧一样，电视表现的也是运动的可视形象。但戏剧中的运动就是物质的，真的演员、真的道具、真的活动。不过它以夸张的形体动作，变形的语言和程式化的表演区别于现实生活。而电视尽管是幻觉的影像世界，但它毕竟是现实的逼真再现，所以人们往往注意了它的逼真性而忽视了它的假定性。

电视的物质运动，尽管看上去绝对真实可靠，但它并非实际的运动。当我们把电视的运动分解到最小的单元，我们会发现，它是一个个记录着运动瞬间静止形态的画幅，而并非物质本身的运动形态。这一系列静态画幅在屏幕上以每秒 25 幅的速度连续出现。通过人的视觉暂留产生的频闪效应，把画面连续起来，让瞬间的空间格局在时间向度上展开，为运动的陈述注入生命。这只是从时间空间的物质属性说，电视反映现实生活有种还原物质现实的逼真感。然而，作为电视叙事观念中的时间与空间，这种还原物质现实的时间逼真感只是电视作艺术创造、构成想象美学空间的一种基础。因为任何时空的再现或表现都是服务于叙事和表意的，只有在一个完整的艺术整体里，作为造型元素、叙事元素或表意元素的时空，才能赋予一种美学意义，也才真正有生命。

像电影一样，电视也是时空高度自由的直观视听形象系统。从微观角度讲，电视与电影在许多方面是相同的，特别是表现技巧上。但是从整体看电视的结构性时空自由与电影的叙述性时空自由造就了两者不同的审美品格。这是因为，电视的直播特点使得现实的影像具有一种现场感。全面认识电视这种叙事艺术形式的特性，对于充分展示其个性魅力，进行更有意义的叙述是很有必要的。

第三节　长镜头：一种特殊的蒙太奇

蒙太奇作为一种表现手法被发现以后就在电影领域掀起极广泛的热潮，到后来，无论是创作者还是研究者都把它确定为电影自己独特的表现手法，更有甚者曾把蒙太奇作为电影的全部、唯一的手段。

正如没有哪一种手法比蒙太奇给电影带来更大的创作力量一样，蒙太奇作为一个名词在电影中的曲解和滥用也是空前的，有人把它当作一种物质手段，只要剪辑人员把两个或两个以上的场面切成一系列短镜头并连接在一起就是蒙太奇了。也有人把蒙太奇当作一种最完善的思维方式，其意义完全超出物质手段以及叙事之目的，是一种抽象化的思维，这是两种极端。在一般的意义上，蒙太奇被解释为将一部影片的各种镜头在某种顺序和延续时间条件中组织起来，或者说是一系列仅仅是通过内在联系连接起来，并能把观众带到任何地方的图像或音响。不管是哪种解释，人们都把蒙太奇确立为电影的语言，是电影的独特表现方式。

一、场面调度与蒙太奇

对把蒙太奇作电影的本性的提出批判的是一些纪实主义流派的电影学者，其中最系统、最彻底的是法国的安德烈·巴赞，他在1953年的《被禁用的蒙太奇》一文中指出，“蒙太奇恰恰是反电影的文学性手段。与此相反，电影的特性，暂就其纯粹状态而言，在于从摄影上严守空间的统一。”他倡导的“完整的写实主义”和“完整电影”理论，作为一种空间现实主义的美学，经过数十年的经营，在六七十年代渐成气候，甚至把画面作为电影语言的基本元素的马赛尔·马尔丹也感到“景深和移动摄影已越来越趋向替代蒙太奇手法了”，“电影之重新发现空间是同有意识地运用景深和放弃最后造成空间时间化和观念化的蒙太奇美学有关的”。

景深和移动摄影正是巴赞倡导的长镜头理论的主要内涵，也是纵深场面调度理论的主要内涵之一。

场面调度，出自法文，初始用于舞台剧，指导演对一个场景内演员的行动路线、地位和演员之间的交流等活动进行艺术性处理。后被借用到电影艺术中来，指导演对画框内事物的安排，它们是导演引导观众从不同角度不同距离去观察银幕上的活动。它包含演员调度与镜头调度两个层次。演员调度指导演通过演员的运动方向，所处位置更动以及演员之间发生交流的动态与静态的变化等，造成画面的不同造型，不同景别，揭示人物关系及情绪的变化，以获得银幕效果。镜头调度则指导演运用摄影机位的变化，如推、拉、摇、移、升、降等运动方法，俯仰、平斜等不同视角以及远景、全景、中景、近景、特写等不同景别的变换，获得不同角度和不同视距的镜头画面，展示人物关系、环境气氛的变化及事件的进展。

通过场面调度可以使演员与摄影机处于运动状态，可保持演员的表演动作和情绪的连贯，以利于在一整体的环境气氛中展现人物关系和事态进展。场面调度可以是指镜头组接后构成的一个完整场面的调度，也可以是单个镜头内的调度。纵深场面调度就属后一种情况，它指导演通过演员和摄影机的运动，利用一个镜头内景别、构图、光影、场面、环境气氛、人物动作等造型因素的变化，来加强这个镜头的意义含量。巴赞倡导的长镜头理论，就含指大景深和场面调度的含义。

巴赞倡导长镜头是要通过合理的场面调度，用不间断的镜头记录人和事物在一段时间内的运动状态，其重要的目的是为了遵守空间的统一性，从而也保证了完整性和真实性。巴赞认为，为了使叙述内容获得真实性，只要选择一个恰当的镜头，把蒙太奇分散表现过的各元素集中显示就可以了，这种手法在以真实性为最大魅力的纪录片里，可以说是最得力的了。许多纪录片之所以为人称颂，正是因为有这种有真实性的有意义的长镜头让人感动。《北方的纳努克》中狩猎海豹的著名段落里，是由于把狩猎人、冰窟窿和海豹安置在同一空间同一个镜头中，给观众以不容置疑的真实感受。巴赞还举了个更详细的例子：英国影片《鹫鹰不飞的时候》中小孩遇狮子的段落。这部影片描写的是一个真实的故事，说的是一对年轻夫妇在战争期间，在南非某地开创和管理动物保护区的事。为此夫妻俩带着一个孩子生活在丛林荆棘之中。有一天，孩子没有告诉父母就离开了宿营地，碰见一只暂时被母狮放置在那儿的幼狮。孩子并不知道危险，竟把幼狮抱起来带走了。这时，母狮可能是听到了声音，也可能是闻到了人的气味，便赶向兽穴，然后循着小孩的足迹追去。而那孩子并不知道大祸临头，孩子父母见状惊恐万分，他们知道母狮随时都有可能扑向夺走它的宝贝的鲁莽的孩子。这时导演用了一个全景，把父母、孩子与母狮同时摄入了这个全景中：父亲叫孩子停下别动（母狮也停在不远处），然后他让孩子把幼狮放在草地上，还让他不慌不忙地走过来。随后母狮也安稳地走过来，叼走小狮子，返回丛林去了。此时，双亲才松口气，奔向自己的孩子。

巴赞认为，如果在表现孩子遇到危险时的这一段没有遵守事件在空间上的统一，用蒙太奇的手法组接而不是用大景深的单一镜头，那么这个镜头段落就只有叙述价值而没有真实性的价值了。巴赞强调说："若一个事件的主要情节要求两个或多个元素同时出现，蒙太奇应该被禁用。"说到底，巴赞是要通过模拟现实生活中的空间统一，来达到电影叙事的真实性，因此倡导使用能很好体现这种美学原则，提供真实感知空间的镜头，来拍摄那些要求有真实感的情节段落。认为空间统一的真实性才是电影的本性，而蒙太奇破坏了空间的统一，也就失去了真实性，是违反电影本性的。

我们且不提巴赞的长镜头理论在纪实性的纪录片中的美学价值，他在剧情片中一味禁用蒙太奇是不太理性的。他认为一部作品的美学上的完整性就在于它让观众既知道所叙事件是经过特技处理的，同时也相信这些事件的真实性。既然可以让观众知道所叙事件是经过特技处理的，电影毕竟是电影，那么在故事片中为了求得真实而放弃灵活的蒙太奇就不值得了。因为电影的真实是营造出来的，时空的统一和时空的连续也都通过一种约定俗成的审美感知习惯而获得的，并不是现实本质上的连续和复原。因此只要能让观众在欣赏电影时感到是真实的就完成了电影的叙事了，并不要求他们走出黑暗的电影放映空间后仍认为叙事的真实性。既然这样，电影里的空间真实感不仅长镜头的统一空间能实现，蒙太奇营造的空间感也能实现。其实长镜头的统一空间也是经过特技处理（包括场面调度、设计）获得的，而这种场面调度本身就是一种蒙太奇，只不过它不是通过分镜头切割再重新组合来完成，而是在镜头内部的运动中完成的，本质上是一样的。当然，如果是以真实作为最高美学追求的电视纪录片，它的素材都是要求从现实生活中抓取的，而不允许创作者参与干涉，这种情况下，统一空间的长镜头就能够实现其真实本性的追求，比起蒙太奇营造的空间统一感要真实得多，难以用蒙太奇取代的。因为在这里长镜头使内容和形式达到了高度的统一，实现了本性上的真实追求。除此以外的长镜头，本质上与蒙太奇是一样的，正因此，纵深场面调度的长镜头又称“镜头内部蒙太奇”（In-camera editing），它是一种特殊形式的蒙太奇。

早在1929年，爱森斯坦就有过关于镜头内部“潜在蒙太奇”的论述，但真正得到理解是在1941—1942年的《狄更斯·格里菲斯和我们》一文中。他指出：“蒙太奇——这是镜头内部的矛盾首先发展为两个并列镜头之间的冲突：镜头内部蒙太奇是潜在的蒙太奇，随着冲突的加强，它终于冲破了那个四角形的细胞，而把自己的冲突扩展为各个蒙太奇镜头之间的蒙太奇撞击。然后冲突进一步贯穿于一系列镜头之中，利用这些镜头，我们可以把已经分解的事件重新组合为一个整体，但这种组合已经依据于我们的观点，依据于我们对现象的态度……蒙太奇单位细胞就这样分散为一连串的分裂体，然后重新组合为新的统一体，组合为体现出我们对现象的具体概念的蒙太奇句子。”爱森斯坦在这段话中解释了蒙太奇各个层次之间一脉相承和有机扩展的关系，镜头内部蒙太奇、镜头间蒙太奇、段落蒙太奇以至整体蒙太奇，并以细胞分裂而成长来比喻蒙太奇通过分裂而综合成新的整体，强调了蒙太奇有机性和典型化的职能。他和普多夫金都坚决反对自然主义，认为艺术家应该有自己的观点去分解素材，加以取舍，然后综合成新体以反映出艺术家的“世界观概念形象”。这也正是巴赞纪录派所坚决摒弃的，他认为这种分解和综合会破坏生活真实，也破坏了电影本性。

有意思的是苏联电影理论家日丹却认为，由于镜头内部蒙太奇可以在镜头内进行多元素的人工组合，特别是纵深的人工调度及其与前景对比等手段，会引起人工分解反映对象的作用，从而损害影片的纪实性。

因此我们在此对镜头内部蒙太奇作些介绍，并把它与分切镜头式的蒙太奇作一些比较，对认识影视语言的不同形式，理解电视叙事观念会有帮助。在下面的叙述中，为了行文的方便，把镜头内部蒙太奇称作长镜头，而把分切镜头式蒙太奇就称作蒙太奇。

二、长镜头叙事的特性

长镜头的最高标准或终极目标是追求一种真实。20世纪70年代它逐渐受人重视并冲击着影视领域的蒙太奇叙事观念，最终形成一股强大的纪实主义美学思潮，并不是偶然的。

真实是艺术的生命，对于以照相为基本特性的影视来说，真实性更为重要。可惜一直由于受技术条件、时代特征、社会思潮和美学思潮等因素的影响，影视中的真实性原则在几十年中经过了风风雨雨。电影的默片时代，由于没有声音元素，许多时候不得不用隐喻，给人主观化的不真实之感。到了 20 世纪 30 年代有了声音，物质形态上电影的真实性提高了。然而一直受戏剧的假定性的束缚，使得电影不能以其电影的逼真性在广泛的时空中反映真实的生活情景，作品离现实生活中的真实很远，多数影片都是在摄影棚里编造出来的。此时，电影的真实本性几乎丧失殆尽。第二次世界大战后，人们呼唤真实的电影，这使许多原来奔波于战地拍纪录片的电影工作者提出了“还我普通人”“把摄影机扛到大街上去”的口号，掀起了新现实主义的电影运动。电影制作走出摄影棚，把镜头对准真实外景，可以说这是电影还原真实性迈出了一大步。遗憾的是新现实主义的电影理论过于狭隘，只满足于街景的拍摄，并不能反映复杂多样的现实生活的真实。后起的“新浪潮”电影，从物质真实转向内心真实方面做了探索，不过他们展示的多不是正常人的内心真实，而是变态的心理，只有到了 60 年代后期，70 年代初，纪实性美学思潮在世界电影中才唱主角。

随着纪实风格的日益被重视，人们往往对真实和自然提出了更高的要求，巴赞曾经说过这样的话：“机遇和真实要比世界上所有电影导演者更有才能。”意大利现实主义导演也认为“事实就是事实，我们的想象利用事实，而不是事实倒过来为想象服务。”

特别在纪录片领域，由于设备、技术的改进，摄影机的纪实作用大大加强了，长时间的摄影，同期声和现场的真实音响进一步强化了影片反映生活的能力。这种技术的进步，很大程度上改变了人们的观念，人们开始寻求一种能够形成全新风格的表现方法。

长镜头，从 20 世纪 70 年代开始被许多纪录片创作者所重视。用一个镜头不间断地表现一个事件的过程，甚至一个段落，这是对静态构图和分切镜头的一种革新。它通过连续的时空运动把真实的现实，自然地呈现在屏幕上，形成一种独特的纪实风格。这种以纪实性美学为特征的长镜头叙事方式与蒙太奇的叙事方式有许多不同之处，代表它们各自风格的影视作品在美学上也有明显的不同特征，一个是纪实性的，一个则是分解性的。

现在我们来看看纪实性的长镜头与分解性的蒙太奇在叙事观念上的不同特性。

第一，蒙太奇的叙事中，创作者常常以事件参与者的姿态出现，表现出对事件和人物的明显的主观反应。主张通过直接的造型手段、剪辑手段来影响观众，使他们接受创作者对事件的看法。对事件矛盾冲突和人物性格的变化往往用人工化的艺术手段以求得一种戏剧性效果。而在长镜头的叙事中，创作者往往以观察者的旁观姿态出现，保持冷静客观，力求把创作者的主观倾向，包括自己的美学追求，对造型的那种欲望隐蔽在客观记录的事实影像后面，用一种策略的非直接的表现形态，尽量不让观众感觉到人工强化的痕迹，反而有意去淡化，使之更接近于生活化，而避免蒙太奇叙事中所惯用的对素材的浓缩和整合。

第二，蒙太奇的叙事中，在结构上往往冲突集中，情节紧凑，性格发展过程由生活中几个异常性的关节点来构成，日常生活形态和生活环境很少见，即使偶尔有穿插也限于情节发展所需。而长镜头的叙事中却重视人物与日常生活环境的有机联系，许多情节就在大街小巷的现实生活中展开，环境镜头很多，认为那是人物纪实性所必需的。

第三，在造型处理上，长镜头多用在接近于人的视角，采用自然光效，并注重同期声音的采集，力求通过保持时空的统一和延续，来保证再现真实的生活环境和人物形态。对那些能使观众觉察的以某种艺术效果强加某种意念的造型处理，都会谨慎避免。蒙太奇的叙事中则经常采用变速、虚焦点、人工光效等技巧摄影方法，并通过剪辑技巧等各种艺术化处理的环节，来达到一种艺术化虚构的效果。

第四，长镜头的叙事可以说是一种偏重摄影的叙事，因为长镜头通常是用变化拍摄角度和调整景别的距离，用一个镜头来完成蒙太奇叙事中一组镜头所担负的任务，因此许多思想观念的表达都在连续的摄影中构思并实现了。因此，可以说，每个镜头就是一个段落，一个有生命的完整的整体，其间不仅有情节的发展，节奏的变化，还有一种内在的意义。

而蒙太奇的叙事是一种侧重剪辑的叙事，因为它是分切镜头拍摄的，每个镜头都是单个的，不连续的，没有生命的。它的单个镜头不是一个整体，也没有意义，只有通过剪辑，对它们按分镜头剧本的构思进行排列组合，并给人以一种时间连续和真实的艺术幻觉，才能形成一个完整的艺术整体。因此，蒙太奇叙事的完成关键在剪接。

第五，长镜头的叙事是一种非强制性的、开放型的叙事。由于它记录的是一种接近现实生活的原生态，采用的是平实质朴的摄影，对观众有种生活的亲近和参与感，因此观众有可能从屏幕上提供的形象作出自己的评价和结论。因为从它的编辑手法上并没有太明显的倾向性，而是用一种再现式的真实提供给观众多义性的选择空间。而蒙太奇的叙事是一种强制性的封闭的叙事。创作者会调动一切造型手段和剪辑手法来营造一个明确的观念，并努力使观众接受这个观念，呈现出来的是一种单向性的思维状态，难以有观众自己的选择和结论。片断零碎的镜头被一种倾向主观化很强的叙事线串联在一起，不仅使得每个单镜头的意义单一化，而且由它们所组成的段落和由段落组成的整体都呈现出意义的单一化。在这里观众的阐释权在一种选择空间几乎为零的状态下被剥夺。

三、长镜头的时空结构特性

长镜头，作为一种特殊的蒙太奇，一个镜头往往就是一个段落，它是通过在一个连续的镜头内部，完成切割镜头蒙太奇所做的镜头间组接任务，从而保证了时间的连续性和空间的统一性。这一功能不仅使镜头内容具有真实性，同时也在很大程度上影响着这种影视创作风格的叙事观念。

1. 长镜头时间结构特性

首先，它具有屏幕时间和实际时间的同时性。用蒙太奇组接表现出来的屏幕时间，往往对事件发生的进程进行了很大的修改，它可以大大压缩实际的时间进程，也可以把完全不同的事件过程组合在一起。虽然这在许多情况下是无关紧要的，但是它毕竟可以使人们对它的可信性提出质疑。镜头内部蒙太奇保持了时间进程的不间断性，事件过程的实际时间连续地、完整地反映在屏幕上，可信程度大大提高。

如英国纪录片《斯里兰卡宗教节》中，表现斯里兰卡一土著举行宗教仪式时巫师为了表示虔诚，并证明他得助于神而有超人的力量，让人用铁钩钩住他的皮，然后悬空把他挂起来。这一段落之所以令人触目惊心，是因为整个段落都是用一个长镜头忠实记录下来的。其间一些反映旁边人的紧张、惊恐神情的反应镜头也是通过摇摄完成的，而没有中断镜头内时间的连续，一气呵成，没作任何剪接，从而保证了观众心中的真实感。该片的创作者说他的任务就是要告诉像他父母亲那样的普通的英格兰人，远离他们家乡的一个地方，一个民族真实的生活情景。这种真实情景如果不是用一个长镜头来再现还原，估计作者的父母亲看了也不会相信的，他们会认为要么是那个巫师作假，要么是他儿子作假。然而在这一个连续运动的不可能有任何人工作假的长镜头面前，他们有的不是猜疑而只有惊叹了。这就是真实的力量。伊文思在《愚公移山》中表现上海电机厂夜校的一段：走廊全景，拐进一间教室（摇），人们正在上数学课；镜头推上去是教师讲课，绕180°后拉成全景；然后跟一个学生走上讲台在黑板上做题；拉成全景退出教室，向另一间教室走去；教室门关着，从门上的窗户往里拍，看到学生在上课；摄影师用脚把门推开，学生上课全景；推到学生听课的近景，这是一堂英语课；顺着回答问题的声音转向另一学生；拉成全景退出来，走进另一间美术教室；全景介绍环境，推向画板；镜头摇起看到绘画者的脸，转到背后拉成全景，通过绘画人的前景看到模特；最后用变焦距推向模特。一个镜头共拍了八分钟。在一个连续的运动过程中展现了同一时间内的几个空间区的面貌。从而完整真实地向观众再现了上海电机厂夜校在当时的情景，不存在人工作假的或主观的痕迹。

其次，具有时间进程的连续性，镜头内部蒙太奇在时间结构上的一个最显著特点就是时间的连续。无论是在变换景别时，还是在变换拍摄角度时，都不打断时间的自然过程，保持了事件节奏的正常进展。

时间本身并无节奏，然而时间被依附在空间里的事件的活动时，时间自然就随着人物的情绪、情节的起伏跌落而产生了节奏，而时间正好是刻写描绘事物活动节奏的刻度。时间的连续保证了节奏的完整，而节奏的完整表明了事件的真实过程，相对于前面提到那种外观上的还原真实，这里连续时间记录事件完整的节奏变化带给人的真实是一种内在的心理真实。

日本 NHK 制作的纪录片《望子五岁》中盲人夫妻教望子一段正好印证了这种观念。这个纪录片是作者用了三年多的时间跟踪拍摄完成的。讲的是一对盲人夫妻及他们的孩子望子的生活，两个盲人生活在一起可以想象有多么的困难。有了一个小孩，虽然是他们的一份喜悦和安慰，然而也会带来许多的忧虑，这倒不是生活上的压力，而是对望子未来的前景，可以说，夫妻两人全部希望和心力都放在了望子身上。当他们得知望子在学校欺负同学时，望子的父亲生气极了，于是骂望子，并把她单独关在一个房间里，望子哭喊着跑出来向妈妈求救，可是她母亲也不理她，并独自推门出去了。这种情形可能是父母掌上明珠的望子五年来都没碰到过的，她很伤心委屈，于是来不及穿鞋，又哭喊着跑出家门去追赶母亲，追了很远，母亲终于停下来，母女紧紧抱在一起。

这一长段的情节都是在一个长镜头内完成的，摄像机镜头始终追踪记录着事件的发展，把整个场景的信息完好地呈现给观众。其间三个人的心理变化，情绪变化，事件的发生、发展、高潮与结束，都在一个完整连续的时间段内，通过一种复合的节奏形态展露出来，正因为这个在特定空间里发生的事件的节奏与那一段连续时间的吻合，使观众在一种心理情绪和感情的积累中获得一种感人的真实，这种真实是生活的真实，也是高于一切的真实。

2. 长镜头空间结构特性

在影视的活动艺术中，时间与空间总是相互依附着的，时间成了它们运动的延续性，而空间则是它们的广延性。因此长镜头中空间结构的特性与其时间的特性也是依靠着产生的。

首先，在运动过程中展现空间全貌。镜头内部蒙太奇的一个最显著特点，就是空间运动的连续性，摄影机的运动使有限的视域逐渐地展现出事实空间的全貌。一部表现一个里弄小厂片子的开头，摄影机从狭小的夹道向里走，然后顺着一个狭窄的木楼梯爬上去，楼梯过道里堆满了各种各样的原料，穿过一堆堆的箱子来到了拥挤的工作间。一个镜头把这个厂的空间位置、环境状况表现得有声有色，极富感情色彩。看过纪录片《铁西区》的观者都会对影片开始的运动长镜头印象深刻。随着火车缓缓进入，视野中展开的是一片白雪覆盖的荒芜的厂房，在冥暗的灰色天空下，一些活动的身影如同幽灵。影片为我们展示了另一个世界，一个业已毁灭的世界：

工业文明的废墟。这个长达三分钟的长镜头除了向我们展示了环境，也以一种仪式般的方式赋予我们一种切入，一种对历史的切入。

其次，它能在运动过程中实现空间的自然转换，而这种转换是对人眼睛视觉的一种模拟，符合人的视觉感受。

纪录片《中国》的拍摄者查理·奈恩曾说过，镜头就是人的眼睛，因为用人的眼睛次序习惯运用你的镜头，你可以随着视觉习惯推、拉、摇、移运动镜头。当然，如果你的视觉的目击物是静止的，那么你的镜头也得像眼睛一样不要乱动。镜头的运动应该跟着主体的运动而运动。不能脱离主体自行其是地运动。这种说法是很有道理的。镜头的运动，只有参考眼睛的视觉习惯，才会令人感到舒畅，同时也才能给人一种自然的真实感。如在纪录片《中国》中，芭蕾舞剧“天鹅湖”中王子与奥尔吉塔双人舞在练功房排练的一段，镜头就是随着舞姿而运动，就像我们在现场欣赏时一样。另外在练功房其他镜头移动停留也好像是人的眼睛在现场观看似的，几乎没有任何导演痕迹，非常自然地实现了空间转移。有时群众场面中，分不清哪个是主体哪个不是主体，就像人茫然的眼睛或眼睛疲劳时随意看一样；有时则紧随着被拍主体的移动而移动，就像目不转睛盯着一个自己感兴趣的东西看那样。

如介绍在重庆火车北站的流浪儿童的纪录片《重庆少年》开场部分有这样一个镜头：流浪儿从一个可以打水的地下浅井中钻了出来，然后沿着铁路往自己住的地方走去，路过的铁路边电线杆上还挂着他晒的衣服……镜头中的流浪儿真实、可爱。在该镜头中，他从一口井中钻出来，而在现实生活里，他也是生活在地下的，是在观者视域之外的个体。观众跟随这个镜头的视点看到了流浪小孩的生存空间和生存方式。

长镜头的时间和空间结构的特性给长镜头的叙事带来许多好处，正因如此，在近些年里，它被广泛地使用于电视片（尤其是电视纪录片）的创作。它给人的真实感与生活化，是电视纪录片的本性，也是电视观众的审美追求。现在我们来看看长镜头时空特性带来的几个优势。

首先，镜头内部蒙太奇由于不间断地表现一段相对完整的事件，因此它具有传达信息的完整性。

电视节目的完整信息是由声和像两方面组成。用分解的方法拍摄，用分切镜头的方法剪辑，在很多时候不能保证完整信息的传达，不是声音的连续性被破坏，就是画面的连续性被破坏。机内剪辑，由于使声画保持连续和同步，从而保证了叙事结构的完整，也使它传达的信息有了完整性。

再如表现西方基督教在中国农村发展情况的纪录片《耶稣保佑你》，片中有这样的长镜头段落：天还没有亮，老奶奶就开始炸油条，准备一天的生意了。烧锅屋里很暗，煤油灯的光投射在灶台上，老奶奶和儿媳妇两个人一边忙活，一边在讨论着耶稣的死亡与重生。儿媳妇有些不相信，老奶奶就告诉她邻村的某人因为信教之后有了哪些新的变化，试图说服她。观者可以从镜头中看到一个普通安徽农村的家庭在早晨的忙碌，也看到了老奶奶对于宗教的虔诚。镜头的不间断，产生出了一种真实、自然、生动的效果。

又如日本的一个纪录片讲述日军在第二次世界大战中溃不成军时，由于后勤粮食供应不足，军官命令一些士兵杀死另外的一些士兵，以人肉充饥。几十年过去了，当年的一个刽子手由于心理上始终有负疚感，于是要控告皇军。他就到处探访当年与他一起杀士兵的那些人从中取证，然而他们都不敢承认那段不光彩的事实。有一个长达二十多分钟的镜头记述了他们之间如何寒暄、聊天到后来争吵、扭打，然后那人诉苦并在家人的劝导下答应出来作证。其间有那家人打电话通知警察来后，在窗外朝里张望，在外面徘徊等等。长镜头通过镜头内部蒙太奇把事件的全过程用移动摄影记录下来的图像和声音完整地再现出来，非常富有真实感，因为镜头内的信息丰富、完整并有叙述节奏的自然变化，二十余分钟长的镜头也不显拖沓，反而觉得很过瘾，很满足。

其次，它能表现事态进展的连续性。机内剪辑可能把事件的发展过程和真实的现场气氛表现在屏幕上。在《群众演员》中有一个在室内的长镜头：城郊的简易平房里，包荷花与其他几个男群众演员在“涮夜”。在这种时间空间中，也因为这样一些人，谈话不免带了“色”。天气已经冷了，一床肮脏的被子，一群人合盖，一边听流行歌一边打着扑克，几个回合下来，被子下面的手，开始不老实，为此，包荷花跟对方起了争执。镜头一直冷静地观察着这一切，注视着这些人的相互伤害，以及他们在人世间的挣扎。

纪录片《新龙江颂》讲的是一出样板戏改变两个老人命运的故事。在片中有一个长镜头很有力量：退休后当上村里老年协会会长的郑饭桶，对着忙里忙外收拾的郑流涎指手画脚，让他把吃剩的饭菜带回家。镜头里的郑流涎手足无措，想要握住自己最后的尊严，但是却被刻薄的郑饭桶破坏殆尽。长镜头很好地表现了事态的进展，也把人物关系和人物心态中的尴尬等情绪完整地记录了下来。

再次，它有不容置疑的真实性。由于机内剪辑不是靠动作的分解和组合来表现运动过程，而是把连续的动作完整地展现在屏幕上，所以排斥了一切造假的可能，使影片所表现的事实具有不容置疑的真实性。比如一部表现拖拉机厂的片子中有一个破坏性试验的内容，把一辆拖拉机从十米多高的峭壁上摔下来，如果用分切镜头的方法是很难让人信服的。影片用了这样一个镜头：近景，一辆行驶着的拖拉机；镜头拉开，拖拉机在一个高高的峭壁边上行走；大全景，拖拉机摔下来，在空中翻了三圈，然后掉在峭壁下，一群人跑过去；镜头推成近景，人们把拖拉机翻起，驾驶员跑上车，把着摔弯的方向盘把车开走。连续的动作过程使人对事实的真实性不可能产生丝毫怀疑。在表明事实的可靠性方面，机内剪辑是一种有说服力的做法。

由此可知，长镜头叙事通过镜头的运动连续拍摄，避免了分切镜头式蒙太奇造成的时空中断，保证了时间与空间的连续和统一。在连续变化的空间结构中，用多种元素综合的造型手段来完成叙事的任务，由此带来的叙事上的优势充分体现了纪实美学的特性，并形成了一种有别于分切镜头蒙太奇叙事风格的独特的影视语言。这种语言由于其真实的力量被广泛运用到纪实性的影片中，更被广泛地运用于电视这一大众传播媒介的各种节目形态中。

当掌握了镜头内部蒙太奇与分切镜头式蒙太奇两种影视语言的不同叙事风格，在平时的影视创作中，我们就可以根据题材的性质和节目的形式选择适当的叙事语言，以实现节目形式内容在风格上的统一。譬如在制作新闻、纪录片等追求纪实风格的节目时，就应该注意运用长镜头来拍摄，达到节目真实性的要求。我们可以在事件发生发展的过程中，用跟踪摄影采访式来表现真人真事的活动。如《望长城》一反过去纪录片展示结果的方法，而是跟随事件的过程，遵循纪实主义的原则，采用追随拍摄的方法，交待事件发生发展的过程重于交代结果。在追随事件的过程时用长镜头展示给观众许多事件发展过程中连续的真实时间的段落，其中的丰富细节，微妙的人物心理情绪的起伏变化，事件本身的一波三折，都把观众带到了现实生活中。

主持人的脚步循着长城遗址走，而摄像机跟着主持人的身后走，这样镜头既成了主持人的眼睛，也成了观众的眼睛，而不像以往用三脚架架着摄像机等着主持人到来。在追随拍摄过程中，许多事件是难以预料的，而是在事件本身的发展过程中去拍，这种随机性与突发性，非常适用长镜头去表现。长镜头的语言在这里非常具有生命力，因为它给观众的是一种不容置疑的真实感。

当然，长镜头语言的功能并不只有纪实性一面，它还可以用来造型。譬如可以通过镜头运动的方式产生的节奏达到某种心理效果，渲泄某种感情，表达一种低沉、压抑或拖沓的气氛，也可以表示一种一气呵成的感觉，还可以引导观众来制造一种特殊氛围。因此长镜头的运用并不局限于纪实性的影视作品，它也经常被故事片所使用，以其特殊的表现力实现某种特定的目标。苏联导演邦达·邱克的《战争与和平》中运用了很多长镜头，它们的功能不是为了纪实而是起造型作用，表现一种压抑低沉的气氛。安德烈在妻子去世后，走出产房去见父亲，在走廊里走的一场情景，前景是屋子的大门框，由于光线不足呈黑色，而背景是结了冰的窗户。摄影机随安德烈缓缓的脚步摇摄着，黑色的柱子和白色的窗户相间交替，近乎刺眼的黑色与白色的对比让人感到压抑，像是死亡的象征。

有时长镜头可以是单一完整的叙事段落，而当它与另外的镜头对列组合时，赋予了它一种新内涵。此时的长镜头则变成了分切镜头蒙太奇中的一个镜头了，变成一组镜头段落中的一个镜头了，只有与镜头段落中的其他镜头组合排列时，它才获得真正的艺术生命。像《战争与和平》中安德烈带着灰暗的心情坐着马车去附近贵族首领家的途中，镜头随他的视线所看到的那棵橡树是枯死的，尽管其他的树木已是一派生机盎然。这个长镜头表现了安德烈当时的灰暗心境，在周围人都说春天来了的时候，他的心中还是严寒的冬天。这个镜头本身就独立表达了一个意义，象征安德烈内心独自凄苦的心境。当他在贵族家中遇到了热烈奔放的美丽姑娘娜塔莎以后，安德烈的心被她对生命对爱情的火热激情感染了，使得他的心死灰复燃。第二天回家的路上他特意寻找那棵来时见到的老橡树，这时一个长镜头随他视线记录下来的老橡树已枝繁叶茂。影片中又运用运动摄影的长镜头刻意渲染这种生机，还用了一个仰拍镜头来表现这棵橡树的粗壮和高大。这里的长镜头已失去了纪实的本性，首先逻辑上就不可能让一棵枯死老橡树一夜之间焕发盎然春意，而是用一种夸张象征的手法来表现安德烈遇上娜塔莎之后的心中的生命热情。从这个单独意义上说，这里的长镜头也是有独立的意义的。但是当两个长镜头在蒙太奇叙述中把它们依附于时间这一维度时，两个镜头本身的单独意义已完全失去了真实的本性，因为在一天的时间内现实中的老橡树不可能由枯死变成枝繁叶茂的。只有当它们以蒙太奇的组合手段把它们用一种文学的手法联系起来时，它们才在独自的单义上复合成一种新的含义。那不是老橡树的复活，而是安德烈的复活和新生，在这种复合制造出来的新意义中，两个反映老橡树两种截然不同状态的长镜头本身的意义已经失去，而只是作为镜头段落蒙太奇中的一个片断镜头。作为片断镜头时它们也失去了独立的意义，或者说独立的意义已变得很不重要，只不过是蒙太奇造型和叙事的一个元素或一个无生命不完整的镜头而已。

由此我们可知，每种镜头语言的功能并不是单一的，而是多义的，就看创作者的创作思维如何使用它们如何处理它们。以再现真实时空为特征的长镜头被用于蒙太奇镜头段落中时，会失去其真实的特性和独立的含义，而变成一种造型元素或组合中的单元镜头，并在与其他镜头的组合中重新获得生命和新的意义。而分切镜头的蒙太奇也往往作为一种思维方式被应用于镜头机内剪辑（镜头内部蒙太奇）运动摄影的叙事观念，只是这时作为蒙太奇的外在形态已隐藏于长镜头摄影者的运动流程中或运动前的思维中了。

本章观摩影片

《走近毛泽东》《望长城》《迁徙的人》《翻滚吧，男孩》《圆明园》

本章思考与练习题

1. 电视叙事中的时间与现实生活中的时间有什么不同？
2. 电视里的时间有哪几种形态？
3. 什么是屏幕空间？它有哪两种形式？
4. 如何理解长镜头？它在时空结构上有何特性？
5. 长镜头式与分切镜头式蒙太奇两种不同风格的影视语言，在叙事和表意时有何区别？

第四章
剪接中的一些规则

【本章内容提要】

作为影视语言的语法，剪接中的匹配原则要遵守。它们包括位置、运动、方向、视线的匹配，是正确叙事的前提。

不同景别的画面在叙事中的作用是不同的，编辑时要运用好不同景别的功能。

镜头语言中对一个完整动作的描述通常是把动作分解再重新组合来实现的。在剪接时要保持动作的连贯。

在做镜头组接时，必须有其内在或外在的依据，这是获得较好叙事、表意效果的前提。

在此以前我们讲的是关于影视语言在美学特征、叙事观念以及语言特性等思维和观念层面的一些问题。从这一章起，开始涉及电视在编辑过程中遇到的一些关于剪接规则、段落转换、不同类型的剪接和剪接中的结构和节奏等具体的问题。懂得了电视语言在思维和观念上的特性之后，为电视叙事在剪接中提供了指南和想象空间，为更熟练地运用这种语言奠定了基础。当然在具体的运用过程中会遇到许多实际的问题，这就是剪接中的一些规则，影视语言中的这些规则是不成文的，大多是影视工作者和理论家在多少年的尝试中积累的成果。多少年来人们对它的认识也不完全一致，甚至有人对它多少抱怀疑讥讽的态度，认为随着叙事观念的变更，技术的更新或多机拍摄的使用，影视语言在视点和空间上可作些拓展，完全可以打破一些常规。对于这种观点，我们保持谨慎的态度，任何一种语言形态的存在必然是有一定的规则支撑着的，如果为了一味求新求异而彻底抛开习用已久的那些基本规则，并不算是一种高明。当然，我们也并不是说规则在任何时候都不能破坏，有时为了某种特殊的叙述和表意的需要作灵活处理，同样的画面素材也可以有多种组接的方式，这要根据不同的内容和要求来定。关于这点，谢尔曼在《论剪接的艺术》一文中指出："每作一次剪接，都必须要有充分的理由，把注意力从一个形象转换到另一个形象，不论转换得如何流畅，只有在为了一个特殊的戏剧性所作的剪接时，才有真正的作用。机械式的流畅再高明，剪接过程中也是次要因素，从一个镜头到另一个镜头思想演变的平稳流畅，也就是有意识地把一系列镜头排列在一起，才是主要的要求。流畅的剪接本身并不是目的，它仅仅是达到戏剧上有意义的连贯性的一种手段。”因此，在具体的实践中，要从整体的联系去考虑剪接点的掌握，切不可以它的机械性连接为最高原则。剪接终归是一种创作行为，不能因为规则而扼杀了生动性和想象力。

不过我们在允许一种合理性的对剪接中的规则作艺术化的破坏之前，必须先懂得这些规则。

第一节　剪接中的匹配原则

电视画面传达的视觉信息，有多种构成因素，如形态、色彩、影调、运动等，这些因素直接影响着视觉的信息接收。它们有机地、和谐地变化，是形成视觉连续感觉的基础。这些因素的冲突对比或大幅度变化，形成的则是视觉震惊感觉。变化幅度的大小与视觉感受的强弱是一个量的正比关系。一般来说变化幅度越大，视觉感受越强；反之变化幅度越小，视觉感受越弱。因此，在创作时，根据不同的目的去控制变化的幅度是建立连贯的基本方法。一般的情况下，镜头转换的最基本要求，就是要在转换过程中使人的视觉注意力感到自然、流畅，使人的注意力从这一镜头自然地转到下一个镜头，也就是说，不要产生视觉的间断感和跳跃感。要做到镜头剪接使观众视觉注意力感到自然流畅，就得遵循剪接中的一些匹配原则。所谓匹配原则是指上下镜头中人物的位置、动作、视线应该统一或呼应，以保持视觉上的连贯和符合生活中的心理感受。剪接中的匹配原则，一方面是电视画面的特性决定的，另一方面是生活逻辑决定的。由于屏幕的画框存在，人们从屏幕中观察到事物以及物体的运动方式，与人们在日常生活中所观察到的有许多不同之处，如运动的方向性，物体的相对位置，视觉的注意中心，视线的方向等。所以，在剪接中就要利用一定的造型特点以及画面造型之间的关系，以适应大众的日常心理体验。下面就讲一讲剪接中主要的几项匹配原则。

一、位置的匹配

在剪接中位置的匹配是指上下两个画面中的同一主体所处的位置，从逻辑关系上讲要有一种空间上的统一性，从视觉心理讲要有一种流畅和呼应。使得两个画面连接在一起时产生自然和谐的关系。一个人物在第一个画面的中景中是处于一棵树的左侧，那么当切换到第二个画面的全景时也得在那棵树的左侧（如图4－1）。如果人与树的位置改变了（如图4－2、图4－3）观众会立刻觉察出这个变动，这样

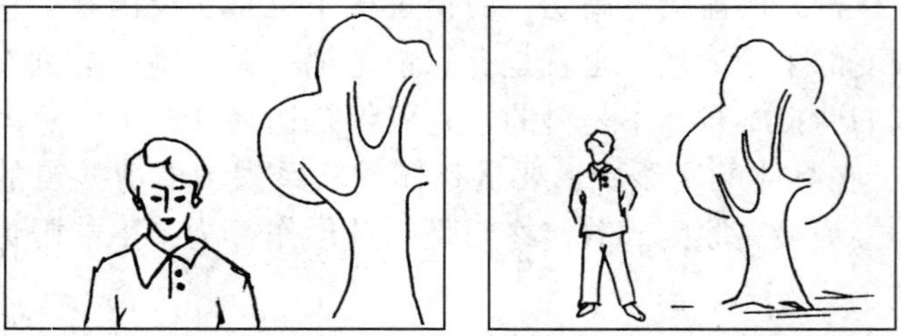

图 4－1

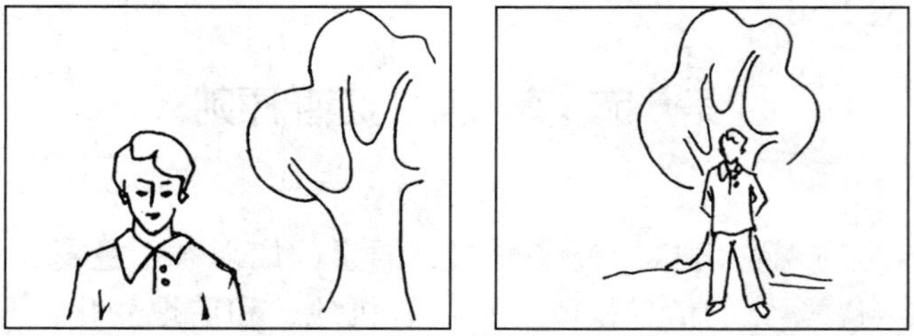

图 4－2

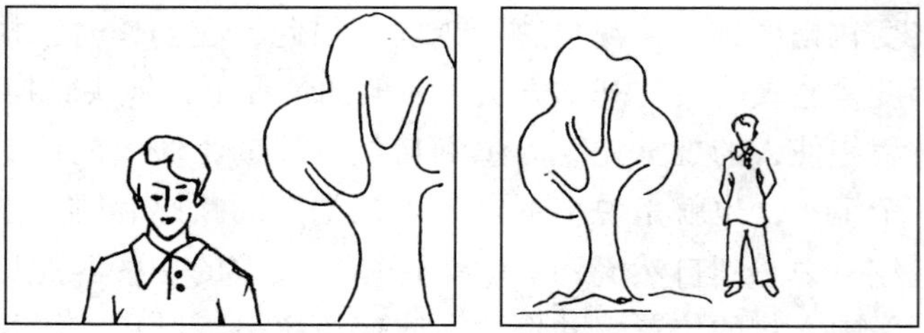

图 4－3

就不但破坏逻辑关系上的空间统一性，还会破坏观众视觉上的流畅。

电视画面由于运动因素的介入，主体在画面中的位置不是为了寻求单幅画面自身的均衡，主要是为了上下两幅画面的对应关系，以求得视觉感受的流畅。因此一般来说，对同一主体或同类物体，对人物的对话和活动，在同视轴变换景别时，以及在运动物体变换景别时，主体保持在画面中大致相同的位置上。

由于画框的存在，主体在画面中的位置不是固定不变的，随着画框的移动，主体可以被放置在画面任意一个部位。根据一般的构图规则，主体在画面中应处于视觉中心的位置，这样容易使人的视觉注意力集中在主体上，对于电视画面尤其如此。因为电视画面处于流动之中，不容人的注意力去寻找主体，所以它必须处于一个非常醒目的位置上，让人一眼看去便被主体所吸引。在剪接时要力求把观众的注意力从一个形象吸引到另外一个形象上。如果上下两个画面中的主体呈重合状态，视觉注意中心从前一镜头自然过渡到下一镜头，通过视觉注意力的固定位置造成视觉的连贯感觉。这时就得注意上下两个画面景别的变化，以造成形象上大小变化的明显程度，这不仅有利于从视觉感受的变化吸引观众的注意力，又能让他们觉得画面中的人的确是离自己近了许多，从而可以使他们的注意力从上一个形象吸引到这一个形象上来（如图4－4）。如两个画面的连接景别的变换不够明显，就很难有这样的效果（如图4－5）。

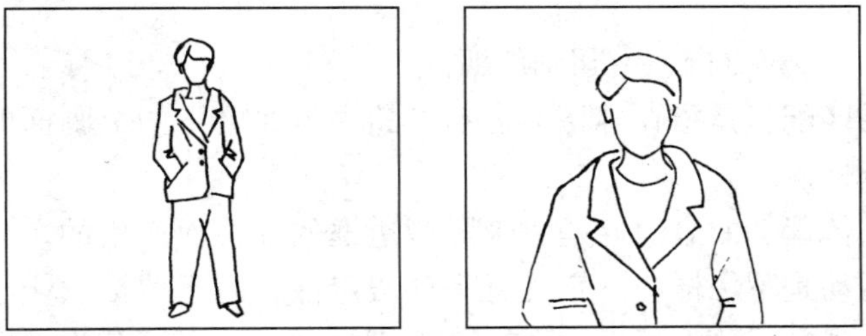

图4－4

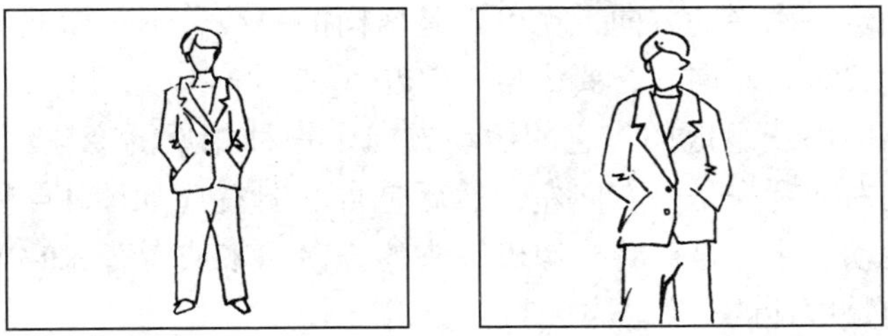

图4－5

上面讲的是上下两个画面中的主体相同情况下位置的安排。但是，有时候如果是在两个有明显对应关系的或对立关系主体如谈话的双方，讲演者与听众，动作者与动作的对象等交流时，或从两个截然相反的方向去拍摄同一主体时，主体应置于画面的不同位置上。相连的两幅画面中主体处于相反的位置，是为了使内容之间建立起一种逻辑关系。虽然视觉注意力产生了跳动，但这种逻辑联系造成一种心理平衡，形成一种整体上的连续感。

二、方向的匹配

在电视作品中，由于绝大多数情况下的镜头段落都是由一系列从不同角度拍下来的镜头构成的，这样，屏幕里的一个人或一匹马的移动方向，或一个人注视的方向，在片子的连续剪接上就会引起非常烦恼的问题。在屏幕上由于受屏幕边框的限制，对画面的空间起了分割的作用。在这里主体的方向是一种假定性的方向，与实际生活中的方向并不一样。因此，在画面的剪接时必须保持设定方向的一致性。如果在连接的画面里，主体运动和注视的方向莫名其妙地有了改变，片子里的连续就会被切断，从而影响了视觉心理的流畅和分散了观众的注意力，甚至导致混乱。屏幕上出现的未经说明的方向的改变，结果会出现一系列的不配合。谈话者的人物之间不是在对视交流，而是看着别的什么地方；马匹在屏幕上的移动也变成向着相反的方向走着，等等，都是破坏了屏幕上设定的方向性，这样的剪接就是失败的。

屏幕上的运动方向有两种，一种是动态的方向，主体在运动；一种是静态的方向，主体是静止的。

（一）动态的屏幕方向——运动的匹配

所谓运动的匹配，是指在屏幕上运动着的主体在上下两个画面的连接中要保持设定方向的连续性。

屏幕上的主体运动的方向性是由于屏幕边框的存在而产生的。它的运动方向与实际生活中的运动是不一样的，它具有一种假定性。由于拍摄主体运动时摄像机的角度的变化，表现在屏幕上的运动形态也就不一样，一般可分为横向运动、垂直运动和环形运动。横向运动就是指主体在屏幕中自左向右或自右向左的运动。当然这里的横向并不一定是水平的方向，也可以是横向的斜线，不过横向运动时主体的总方向是不变的，要么自左向右，要么自右向左（如图4－6）；环形运动则一般就是由相反方向的横向斜线组成的；它的运动方向是一种相反的变化，先是自左向右，然后变为自右向左或者先是自右向左，然后是自左向右（如图4－7）；而垂直运动是一种上下的运动，主体是对着摄像机镜头的方向而来或者背着它的方向而去，这时候的运动方向是中性的（如图4－8）。

图4－6

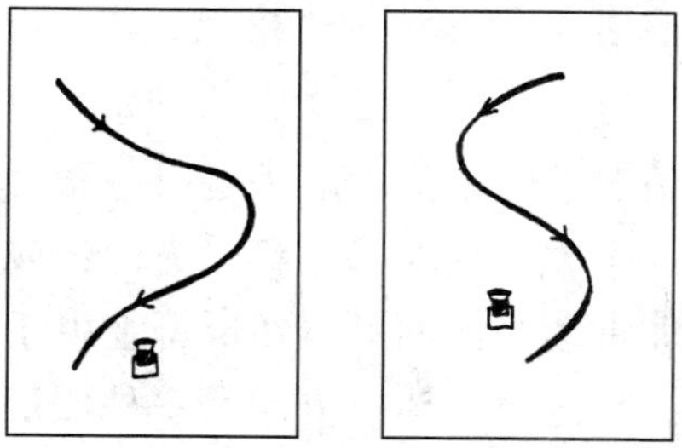

图4－7

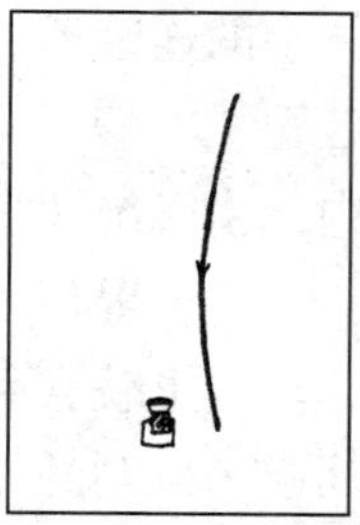

图4－8

不同屏幕运动方向的镜头相接，表现不同实际运动的含义。如不变的屏幕运动方向所描述的是主体运动只有一个方向，或由左至右，或由右向左，显示着主体在向前推进；而相反的运动所描述的则是一个人或一匹马一去一回，或两个主体必须显示出他们彼此正向着对方移动，两者是一种相反方向的运动；而垂直的运动方向是描述主体朝着摄像机来或背着摄像机而去的运动，它是一种中性的运动，没有太明显的动向，在剪接时它可以与任何方向移动的场景交切。因此我们一般可以把屏幕上的运动方向分为不变的、相向的或相反的和垂直的三种。

1. 不变的屏幕运动方向

在这种情况下主体的运动只有一个方向，屏幕中可以是一个人在走着，一匹马在跑着，或一架飞机在飞着，这样的一系列镜头中的主体应该是朝着同一个方向移动的，用来表示它在向前推进。如果中间有一个镜头是突然改变了屏幕中原来行进的方向，观众就会认为移动着的主体是突然又莫名其妙地在转过来要回到出发地去。这就会使观众在理解上发生困惑。

屏幕上，一个特定的运动方向经过设定之后，就应该在这个运动的模式里保持下去，以达到一种明确的方向感。这一点在相连的两个画面中主体在进出画面时，行动方向也得保持一致。如果飞机在前一个画面中是往右飞出画面的，那么在下一个画面中应该是从左边进来，这就可以保持视觉上的连贯和运动方向上的一致（如图4－9）。相反，如果前一个画面中的飞机从左向右飞出，在下一个画面中却是从右向左飞进来，那么，这将意味着飞机在突然间毫无理由地转了个180°。这会引起观众在方向上的混乱（如图4－10）。

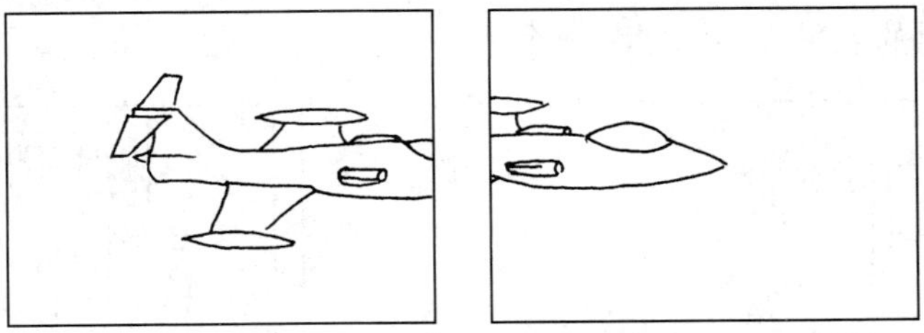

图4－9

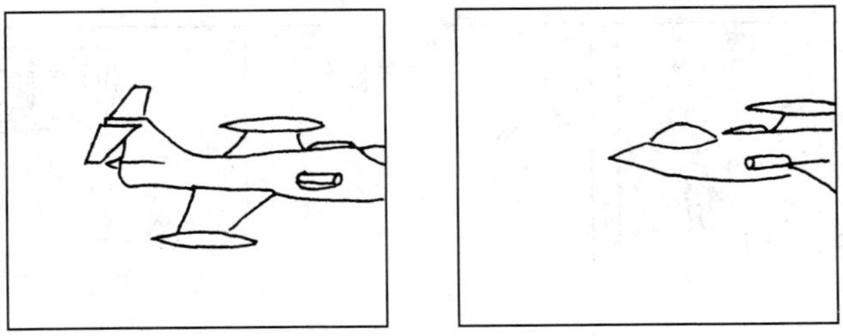

图4－10

有时候影视片中所讲的可能是在一个移动物体（如一辆卡车）内的事情，但在表现卡车的移动时，就一定得显示出它在一个不变的方向移动。卡车可能是从银幕的右方入画面向一个由右向左的方向运动横过屏幕，并在屏幕的左方出画面。在这个段落中可能摄像机的角度有变化，也可能在卡车的远景后连接一个司机的特写，但最终的运动方向不能改变，在没有交代之前应该始终向左方运行。有时根据叙事的需要，要从一个运动着的卡车的外部画面切换一个卡车里的画面，为了过渡间的视觉流畅，也得注意用摄像机在公路的同一侧拍下的画面，以保证运动方向的一致感。至于在卡车内部的事件的拍摄则可以用多角度去表现。当然，如果是从运动着的卡车外部正向着一个方向移动的画面，突然切入一个人们和从窗外看到的景色都反方向的运动画面，则会给观众一个这辆卡车突然开回去的印象。这就打破了运动方向的设定，应当避免。

2. 相向的或相反的屏幕运动方向

相向的或相反的运动是表示实际运动的物体向相对的方向或相反方向行进。这时，可以表示同一个主体的一去一回，也可以表示两个主体彼此正向着对方运动。

如果是同一运动主体的一来一回的描述，譬如是从家里出发去邮局，又从邮局回到家里，在表现这种一来一回的运动方向时，应该事先设计好来回时的方向应该是相反的。如果甲从家里去邮局的路上运动时画面上是从左向右的行进，那么应该把从邮局回家运动在画面上表示为从右到左。这个时候如果画面中有一个明显的标志性的参照物，观众看起来会更加一目了然（如图4－11）。这样就不需顾及摄影角度，远景或特写，观众自然就能辨明方向，邮局是朝右边方向的，而家则在左边方向。如果接着有另外的主体乙的运动方向也是由邮局自右向左的，那么观众自觉会想象他是向着甲的家里去的。因为这个方向正是甲家里的方向。对于一来一回行动

图4－11

方向一定要保持一致，无论是来回多少次，最终都要回到原来的地方去。不管素材画面里的摄影角度如何变化，在剪接时一定得注意让主体的一来一往在特定的方向模式里从头保持到尾。如果运动方向没有统一，观众就会觉得混乱。

相反的方向也可以用以表现两个相反方向的主体彼此正向着对方移动。相反方向的屏幕运动，在剪接时一般可用一种交替的模式来叙述移动着的双方行将合在一起并发生冲突。如果两个主体是正赶着赴约的一对情人，男主人公离开办公室驾车由左而右，而女主人公正离开家里自右向左。观众就能从中正确地去假定男女主人公正相向而来，并不久要见面。这种效果的产生是由于两个运动主体相向移动而完成的。同时观众还能因此判定男主人公的办公室是在左边，而女主人公的家是在右边（如图4－12）。

图 4－12

这种相反方向可以用移动着的对抗来建立一种悬念、营造一种冲突的气氛或加强叙述上的一种戏剧性感染效果。这种悬念、冲突和戏剧效果的产生靠单个画面本身是实现不了的。但是如果用一种相向的屏幕运动的剪接，加上观众的蒙太奇意识的想象（一种视觉上简单化）就可以完成，并推向一个高潮，而用不着长段的对话或叙述。因此剪接时应该充分运用素材提供的场景，以屏幕相反方向的运动来进行蒙太奇的冲突高潮的营造。当然要增强一种戏剧高潮的紧张气氛，除了运用相向的屏幕运动以外，还要从景别的变化和剪接率的加快来辅助。也就是说在一个冲突的高潮场面到来之前，要让双方的运动着的主体画面景别越来越小，而镜头的长度越来越短，让观众从视觉冲击和心理紧张等各方面去感受那种疯狂的结局。

3. 垂直的屏幕运动方向

垂直的屏幕运动是一种中性的运动方向，它是表示运动着的主体向着（Head on）摄像机或背着（Tail away）摄像机的方向运动，中性的运动可以与任何运动方向的场景进行切换。

垂直的屏幕方向，可以是朝着摄像机的，也可以是背着摄像机的，其画面中运动的主体可以是留在景格中心，也可以是出画面或入画面。如果运动的主体在画面切换时仍留在景格中心，这种画面上是一个中性运动方向的画面；如果画面中运动的主体朝向镜头，在画面切换之前出画面或入画面，那它就表示一种将要进行的方向。然而当看到的是运动着主体的前面或背后，应该是一种中性效果。如果看到的不是运动主体的正面或背面，而是他的一侧，那么就不再是中性方向，而是已把运动的方向指示出来了。

一个迎面的镜头可能是从一个中性的镜头开始，然后在画面的一边出镜，跟着接一个有明确方向的镜头作为配合剪接。也可以是一个跟尾的镜头从画面的一边入镜，然后背着镜头离去时变成一个中性方向的镜头（如图4－13），像这种镜头是在两个向着相反方向运动的镜头之间，加上一个临时性的中性方向镜头，作为屏幕上转变方向之用。

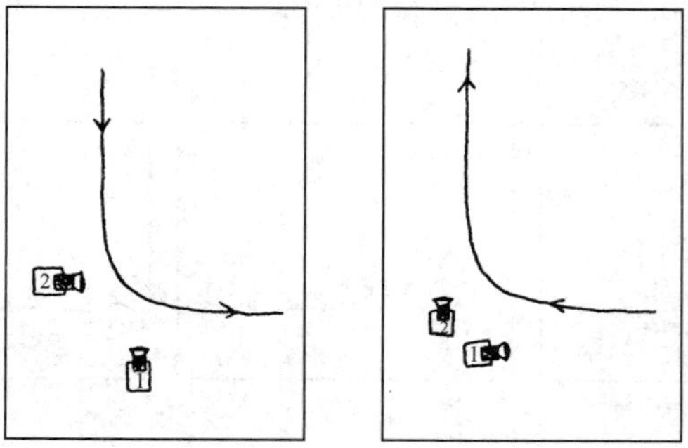

图4－13

在迎面和跟尾的镜头里，一个人直接朝着摄像机过来，最后把透镜盖住，这时画面就会全部变黑；或者一个人直接背着摄像机离去，这时透镜就盖不住，而背景会逐渐显现出来。这样的画面一般只用于追逐的场面或淡入淡出的技巧转场（这一点后面还要讲）。

追踪的镜头，则可以是中性的也可以是有方向性的。在这种镜头里，摄像机是直接在运动主体的前面或后面移动，如果主体不在景格上入镜或出镜，它就是中性方向的，这时描述的是一种前景或后景。如果画面上从一侧或四分之三的角度偏于主体的一边来拍摄，那么，这个画面就是有运动的方向性的（如图4－14）。

另外，高角度或低角度拍摄的画面里，运动着的主体直接朝着摄像机来或背着摄像机并在它的下面或上面运动。这样它的入镜或出镜，不是在景格的下面，而是在它的上面。而一群人朝着摄像机移动，分开来并从景格的两边出镜（图4－15）。或者从景格的两边入镜，合在一起并一直背着摄像机而去（图4－16），这样的画面运动方向都是中性的。

我们已经讲了屏幕上主体运动的三种形态，可以发现屏幕上运动的方向性与实际生活的方向是不一样的。实际生活中人们可以从任何一个角度去观察一个物体的运动，而且很容易弄清运动的方向，这是因为在现实中观察物体的运动时，我们很

追踪的镜头：①号机以 3/4 角度在前面描述走着的人自左向右运动。②号机③号机拍的画面分别是迎面和背面的中性镜头，主体如果走入或走出中性镜头，一定要从③号机的左方入镜，向②号机的右方出镜，以保持由左向右的运动方向。

图 4－14

图 4－15

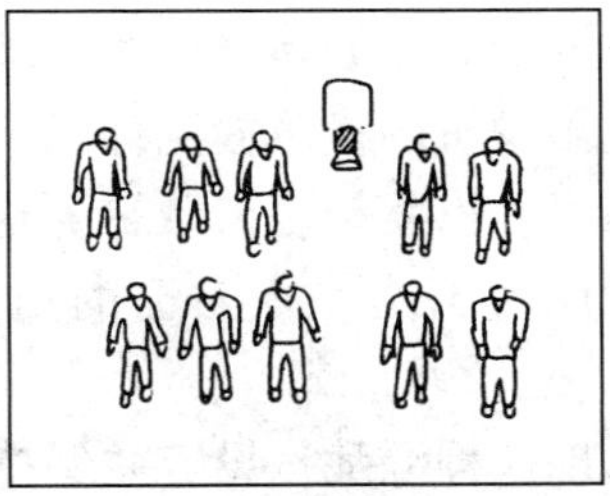

图 4－16

快就能把运动物放在一个环境中作参照。这样便可轻易把握物体运动的总方向，另外当我们自己从运动物体的一侧转换到另一侧去观察时，我们已意识到视点的变更，也就有了心理准备。更重要的一点是我们在观察物体的运动时是不间断的。运动物体在时间和空间上都是连续着的，这种连续就可以保证在我们的思维中与物体运动的过程和方向永远保持一种同步。因此，如果在屏幕画面上物体的运动是用一个连续的长镜头拍摄的，那我们也就很容易辨清它的运动方向而不会搞乱，因为这时的摄像机镜头也就是我们自己的眼睛。

但是屏幕上物体的运动总是被切断的，在电视的镜头语言中反映的物体运动是通过片断组合连接的方法来实现的。因此屏幕上的物体的运动在空间上有种跳跃性，加上观众会怀疑摄像机镜头的观点可能在省略的片断中转换了，这样就会严重干扰观众对屏幕上运动方向性的认识。

我们知道，如果摄像机的机位不同，拍摄下来的同一物体的同一运动方向是不同的，如果是放在物体运动的两侧去拍摄，那么在屏幕上看到的是完全相反的方向（如图 4－17）。

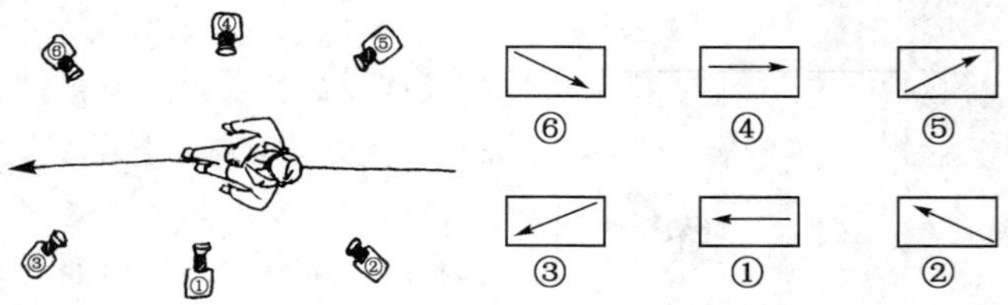

图 4－17

我们看看不同机位镜头拍摄下来的同一物体的同一运动在画面上表现出来的不同方向，①号机拍的画面中主体的运动是自右向左的，而④号机是自左向右的；②号机所拍的主体运动方向是右下侧向左上侧，而⑤号机是左下侧向右上侧；③号机所拍的主体运动方向是右上侧向左下侧，而⑥号机是左上侧向右下侧。

这种现象如果在剪接时不注意，把不同侧面拍的画面组接在一起，就会出现屏幕上主体运动的混乱。譬如转播一场足球赛，原来从屏幕上看到蓝队是从左边攻向右边的，如果把摄像机的机位放到球场的对面去，那么在屏幕上会出现两个球队进攻的方向反过来了，也就是说蓝队在屏幕上的进攻方向变成了从右攻向左边。这样一来好像双方球队都努力在攻自己的门，因此要保持屏幕方向的正确性是十分重要的。

为了避免出现这种混乱，设定并保持屏幕上方向的一个办法，就是遵守 180°总角规则，又叫运动轴线或动作轴线（Action Axis）。运动轴线是贯穿于主体运动的一条假想线。它是无形的，却随时随处影响着屏幕画面的运动方向。在拍摄主体的运动时必须把摄影的位置选定在这条线的同一侧。如果越过这条线就会引起动作方向的混乱。因此在转播足球赛时，摄制组总是把摄像机都安置在球场的同一侧，这样不论采用何种角度，整个运动场景的系列镜头在屏幕方向上总能保持一致。这说明在拍摄画面素材时，这条无形的线是非常关键的。

同样，在电视的后期编辑时，运动轴线这条无形的线也是一条很重要的线，只有编辑人员头脑里有了这根线，才能保证向观众提供主体运动的正确方向，才能将同一场景中拍摄的不同镜头按设定的屏幕方向剪接在一起。

主体的运动可能是横向通过屏幕，也可能朝着摄像机来背着它离去。当主体以一种不变的方向运动时，屏幕上方向的运动也是不变的；当主体向着相反的方向运动时，屏幕上的运动也就是反方向的。如果保持摄像机的位置不跨过运动轴线，摄影机与主体的运动就能保持一种正确的关系。在剪接时也能保持正确的屏幕方向。因此我们可以看到运动轴线可以是直线的，也可以是曲线或折线。不管是何种形态的线，都要保持摄影位置在线的同一侧，如果越过了这条轴线，就叫“跳轴”。所谓的跳轴，就是由于在拍摄主体的运动时，摄像机跨过了运动轴线而导致画面上主体的运动方向莫名其妙地改变。它会引起观众认识和理解上的紊乱。图 4－18 中，在打上“×”的机位上拍摄主体的运动，都会出现跳轴。

不少的摄像和编辑人员常常把运动轴线视作一种由左向右或由右向左的定向运动，而不是一种假想的线。这样的话，在处理一些曲线形态的主体运动方向就会出现被动，难以表现出曲线的美感来。其实曲线往往可以用来制造几种合理的跳轴。

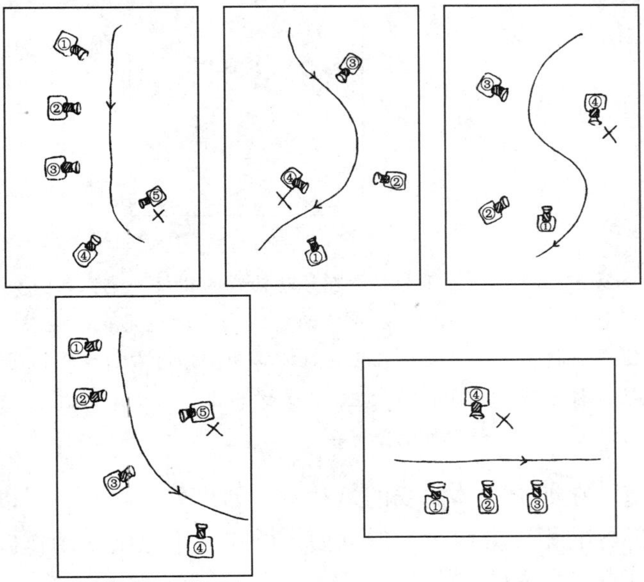

图4－18

图4－19

比如，当两个或更多的人并肩走路或并肩骑马时，就会出现一种跨越运动轴线的例外情形（如图4－19）。可以先用直接跟在运动着主体前面或后面的中性方向画面（图中的②号④号机），或者用一种前面提到过的四分之三前面角度在边上跟着拍摄的画面，用来指示移动的方向（图中①号机）。然后可以用一个换到运动轴线相反的一边，从相反的角度拍运动主体的画面（图中③号机）。这里虽然几个主体在连接的镜头里显示出向着相反的屏幕方向移动，观众并不会感到混乱。

但是，如果用一个包容主体整个曲线的运动的远景，然后接一个主体在镜头前转向的画面，恢复到原来的由左向右的设定方向，从屏幕的右边出画，这样处理也是合理的。越过轴线时的画面是一个运动着的主体较近的画面，它能够把相反方向的主体运动描述出来（如图4－20）。

一条运动的曲线，常常可以用来作为屏幕上的一种有意的转移。在向着相反方向移动，而用意仍在描述方向不变的两个系列镜头中间，这种转变就可以作为剪接时的转移。在这种情况下，入画时的方向是正确的，不过主体就要绕过来，然后从景格同一边出画（如图4－21），中间切入相反方向的运动主体画面。对这种屏幕方向的自然转移，观众的视觉同样可以保持流畅，也不会导致运动方向的混乱。

图4－20

①号机是放在移动轴线的适当一边来拍摄主体由左向右的运动。①号机从越过轴线的一边来拍摄主体，向相反方向移动，②号机把主体整个曲线的运动拍下来，在横过摄像机出镜时，显示主体的转向原来的正确运动方向。

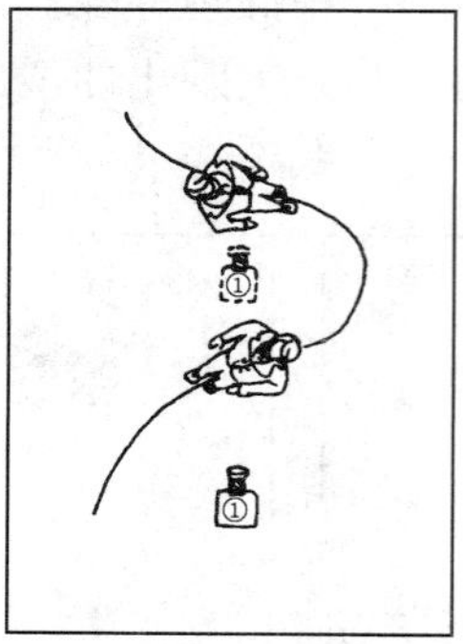

图4－21

①号机放在移动轴线的错误一边，在镜头开始时，以正确的由左向右的运动来拍主体。然后主体在①号机前转向，作由右向左的相反方向移动，主体在左方出画，跟主体由右向左移动作配合剪接。

从以上的几个例子可以知道，在剪辑主体曲线的运动时，如果处理得好，可以把跳轴拍下的描述运动主体一部分的相反方向运动的画面，插在一个完整的动作叙述段落中，并做到在一种自然的屏幕方向转移中保持正确的设定的屏幕方向。当然，这并不是说运动轴线可以随意跨越，其实，绝大多数情况下在拍摄和编辑时，都必须牢牢记住这条无形的线，来完成准确的叙述。

相反，有时候由于摄像在拍摄主体的运动时，忽略了运动轴线，没有把摄像机固定在运动轴线的一侧，越过了轴线拍摄，导致拍下的素材在运动的方向上出现错误。这种情况下，编辑在剪接该场景中主体的不同镜头的段落时，要千方百计作补救，使主体的运动方向校正过来，以保持一种正确的屏幕方向。剪接时运用某种技巧来改变轴线关系时应该让观众从屏幕上得到提示，即视点已转换，机位与主体间已建立了新的空间关系，要尽量减弱因跳轴带来的空间感在运动方向上的冲突。下面介绍几种用以校正跳轴错误的方法。

（1）借助运动的动作变化改变轴线。在两个相反方向运动的镜头中间，插入一个有运动转变动作或人物转身动作的镜头，利用动势把轴线变过来。

（2）插入中性运动镜头。在两个相反方向运动的镜头中间，插入一个有纵深感运动的镜头。中性运动镜头没有明显的方向性，可减弱相反运动的冲突感。

（3）借助人物的视线。比如在车上看外面的影物从左至右划过画面，插入坐车人转头从左往右看的镜头，随人物视线变成景物从右至左划过画面的镜头。以人物视线作契机，使相反运动有了逻辑联系。

（4）特写镜头插入。在两个相反运动方向的镜头中间，插入一个局部的特写或反映镜头的特写来暂时分散人的注意，减弱相反运动的冲突感。这是一种很常用的办法。

（5）全景再次交代视点。在一些速度不很快的运动物改变轴线时，可以从近景跳到大全景，等运动方向已改变过来后，再跳到小景别。

（二）静态的屏幕方向——视线的匹配

屏幕上的时间与空间是延续的、活动的，然而即使是在动作片里，其中的人物也总会有静止的时候。这里的静止并不是像照片中的那种只记录瞬间的绝对静止。因此屏幕上的静止是相对于人物的动作的动态来说的那种相对静止的状态。这时候虽然在动作上没有明确的方向性，但是在上下画面的关系中它还是有着逻辑上的方向性，这个方向性主要表现在人物视线的方向上。

画面中主体的静态的安排上同画面中主体运动方向一样重要。因为人的视向与他的运动方向有密切的关系，只有在主体运动状态和静止状态都保持一种设定方向的连续性，才能保证他们的动向和视向在连接画面时的整个系列里配合得起来。

眼睛是心灵的窗户，人们在交流时很重要的是通过眼睛的交流和反应，因此在处理屏幕上的静态的人物关系上，视线是一个最关键的因素。

视线的作用还在于使人的画面和物的画面联系起来，物（景物或物体）常常作为人物视线的结果用来表现一种对应关系。

视线经常是剪接的重要契机，视线的落点除了作为选择剪接点的依据外，还是表现人物心理活动和人物之间感情关系的重要因素。

视线匹配指剪接时注意画面中人物的视线方向要合乎一定的逻辑关系。由于画框对空间的分割作用，物体和人物在屏幕上表现出明显的方向性。为了保持正常的逻辑关系，画面中视线的方向性应符合人的心理感受。如表现人物的交流关系对话、对视等，应使两幅画面中人物的视线保持相对的方向，如表现视线的方向一致，应使画面中人物的视线向同一方向看。

屏幕上的主体—— 一个、两个或更多的人，在一个配合的剪接的每一边，都一定要注视着相同的方向，这才能保持视线的方向一致性。现在多数的电视现场节目或情景喜剧的制作就像是在舞台前面拍摄舞台一样，摄像机总是以观众的视点来看的，人物和背景也只有从一边来看。这种场合，在静态的安排上可以不去理会运动的轴线。因为在这时任何角度、任何距离、任何位置拍下来的画面上的静态屏幕方向总是完全配合的。这时的视点总是保持在轴线的一侧上，所看到的画面主体也都是从观众的角度所看到的，绝不会是相反的方向。这样就可以用多架摄像机对台上的主体活动进行拍摄，画面都不会有在视线上不匹配的问题。然而，多数的电视片总是用一架摄像机把动作的每一部分在不同的摄影机位表现出来。这时候拍的画面素材在剪接时就得当心，以保证主体的屏幕静态的方向位置、视线的一致。

在连接着的配合画面中，摄影机的视点和镜头里人物的视线，都必须保持在轴线的同一边上。如果是越线拍的主体画面，记录的将是一个与前面镜头里设定的屏幕方向相反的注视。在静态的屏幕画面中，虽然没有动态画面中的动作轴线，却也存在着一条处于静态中人物主体的这条线，它直接影响着静态屏幕上人物的位置。关系轴线是指每两个主体之间的一条假想线（如图4－22）。关系轴线与运动轴线不同，它始终是一条直线，这条线在拍摄和编辑时都很重要。摄影机可以放在远处或近处来拍摄单个或多个人，但绝不可越过关系轴线，它只能在轴线的同一边上，在180°一个半圆形内移动（当然为了拍摄的效果，拍摄的角度不能太小，一般在20°以上）。如果越轴拍摄，从相反的方向来拍主体，屏幕上人物的位置就会调转过来，一个原来处于右边的人物就会突然在左边的位置上。而如果越轴来拍一个人物的单独特写，他的注视方向也会相反（如图4－23）。

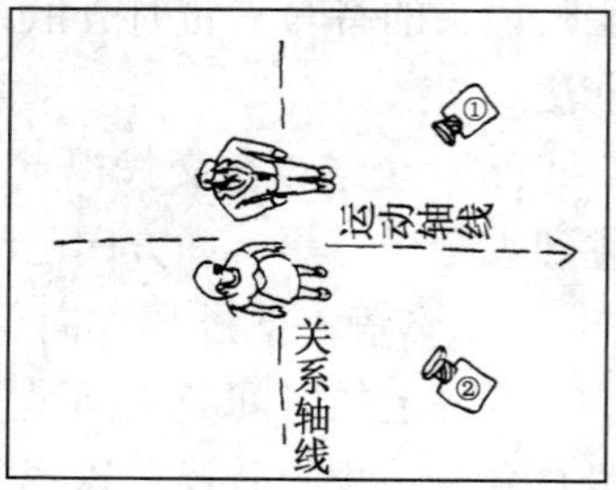

图4－22

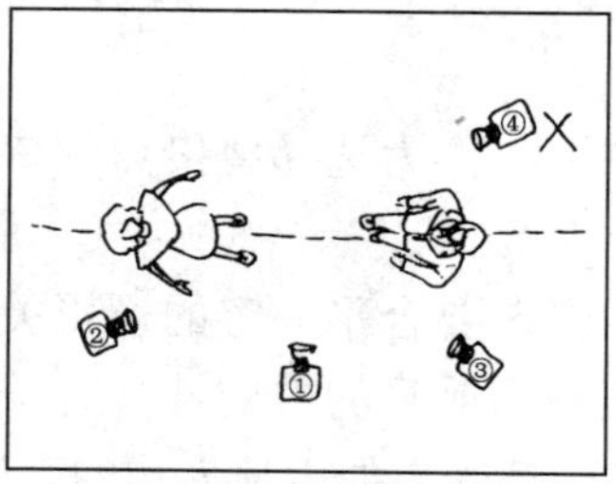

图4－23

①号机拍男右女左双人镜头。②号机从女子越肩拍男子特写。③号机从男子越肩拍女子特写，这三个机位拍的镜头在屏幕上男右女左的关系都不会改变，如果用④号机越轴从男子的越肩来拍，两个人之间的关系就会改变成男左女右了。

两个人对向时的各人特写，由于他们的视线可能越过他们之间的关系轴线，也会发生跳轴的错误。这种情况可能发生在一个人注视摄像机的特写里，这时只要把屏幕外的那个人放在摄像机适当的一边上，保持着感觉上的设定的双人镜头关系，就可以防止上面的那种失误。因为这样处理时，屏幕上的人就会常常看着轴线适当的一边。如果是用四分之三角度拍的画面，由于面对着的位置都是支配着他们的视线的，也就不会出现轴线的问题。

眼睛支配着视线。一个完全站在中心面对着摄像机的人，可以不扭动他的头就向上、下、左、右各个方向看，也可以直视镜头。他也可以越过自己的肩膀看着相反的方向。最关键的一点是要保持视向的准确。如果保持了设定的视向，在一系列的连接镜头里，对向的人物彼此才会有自然的关系，视向如果有变化，应该随时在画面中表现出来。但不应该是在画面之间来表现，那样的话会产生与前面画面所表示相反的视向。当一系列的连接镜头必须配合剪接时，也就是要做视向的转换时，人们的位置和视线的配合就是绝对必要的了。只有这样，才能保持整个叙述段落动作的流畅和继续。

在单独表现两个人物相反方向对视的特写时，应该让他们各自的视线对着透镜的边上，这样就既能防止越线，又能使得两人的视线做到呼应（如图 4－24）。

图 4－24

迎面运动的画面，有时好像是中性的，很容易出现错误，他们看着的是同一个方向，却在相反的方向出镜。这时的特写画面在视线上要保持屏幕的方向。因为人物的入镜和出镜都靠近摄像机边上，运动应该在透镜和动作轴线之间进行(如图4－25)。

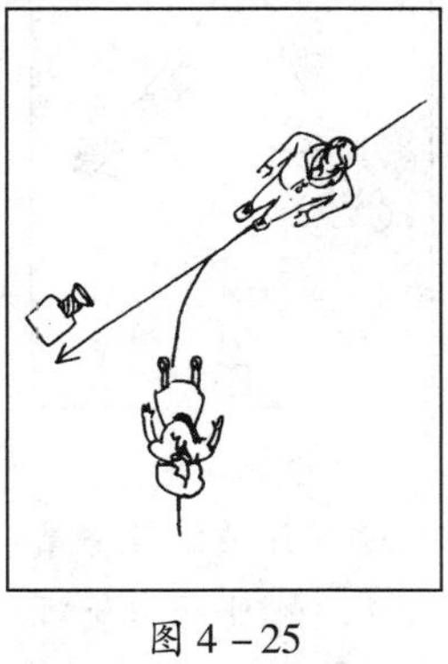

图 4－25

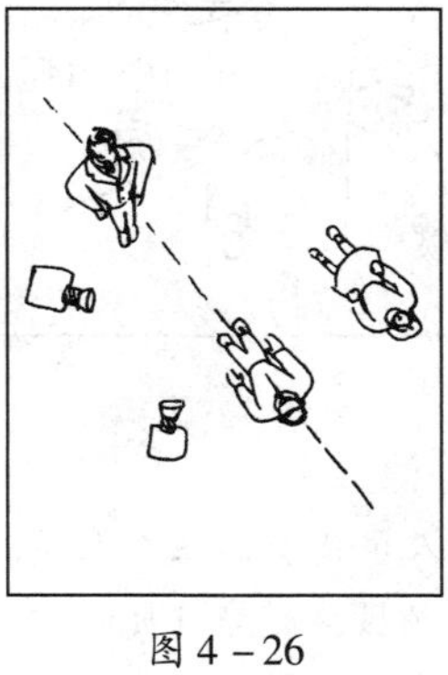

图 4－26

跟屏幕外的人发生关系的特写里的人，一定要从摄像机和动作轴线之间出镜。这点很重要，因为他是靠近轴线活动，屏幕上的画面差不多全面对着摄像机。

中性的注视，在剪接时常常用来弥补由于种种原因造成的不配合。因为它是屏幕中人注视着镜头的上方或下方，不像经常出现的向左或向右那种视向很明确的注视，而是一种令人迷惑的无方向的注视，它和直接注视镜头的视向很接近，使用这种视向的画面来作视线的呼应时必须谨慎。

有时候发生关系的人物不只是两个人，而是三个或更多的人，这时剪接为得到位置和视线上的一致，就得特别考虑。下面以三方关系为例来讲一讲。

处理这种情形一般可用两种方式：一是其中一人对靠近的两个人处于优势的地位；二是三人分散开，摄像机置于场景当中，三人轮流占优势。前面一种情形在屏幕上经常会出现。如一个记者对两个人的采访，或一个牧师对一对新婚夫妇主持婚礼的场面都是如此。这个时候，优势的人物如记者或牧师站在屏幕的一边，而另两个人物往往被当作一个单元，安置于主角的对面位置。在拍摄时用越肩镜头、客观镜头或主观特写镜头均可，这时的关系轴线应设定在主角与其中和摄像机靠得近的那个配角之间，配角可以拍在一起或拍成个别的特写，但要保持他们的视线的同一方向（如图 4－26）。

这种场合，有时为了拍主角的正面镜头，可以改变关系轴线，在主角注视两个配角之时形成一个新轴线，这时摄像机就可以置于两个配角之间，主角的视线可以由一个配角转到另一配角身上，观众也不会觉得越轴。对于处理这种场合，许多剪接人员喜欢用一种有力的说白或动作来描述主角与较远处那个配角之间的一种明确关系。这样两个镜头就可以自然接上，并保持视线与动作的一致性（如图 4－27）。

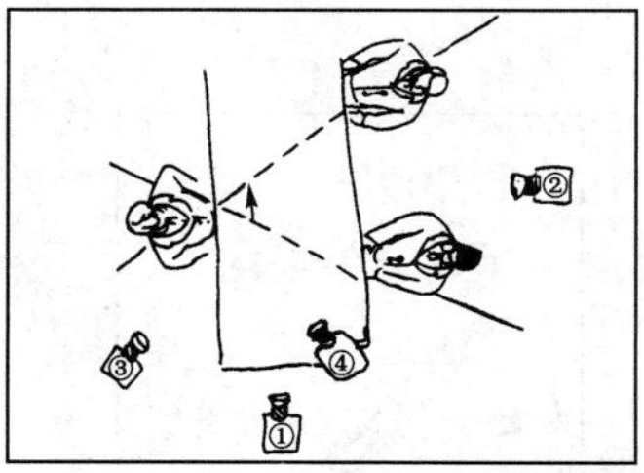

图 4－27

在一个人占优势的三个人镜头，可以用侧面角度来拍摄，优势演员面对右方，配角演员面向左方，①号机拍全景，③号机④号机拍对面双边的特写，此时优势人物注视右方配角演员，产生新的轴线。②号机把优势人物注视右方拍下来，保持原来的视向。

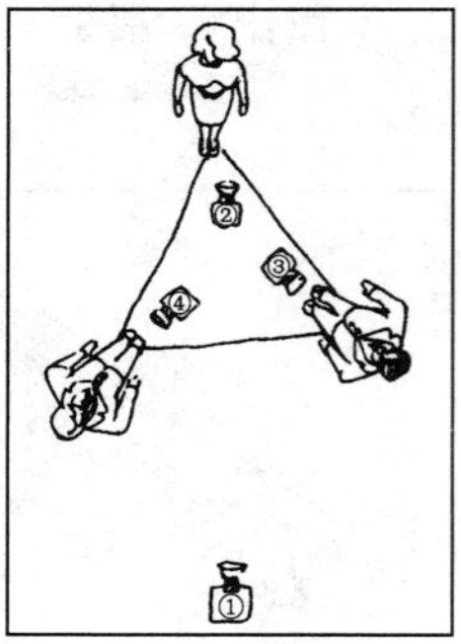

图 4－28

①号机越过平行轴线拍全景；②号机视觉上越线拍女子。她可以向任何一方注视跟④号机所摄左方男子在对向特写中发生关系，或跟③号机所摄右方男子左对向特写中发生关系，三人镜头就可分为两人镜头作成对向特写。

第二种办法是把三个人分散，轮流占优势。此时应用单一的轴线来拍，两个人在前景，另一个人在后景。此时若摄像机越轴，前景中的一个人就会突然出现在屏幕的相反方向，而后景的人也会跑到别的方向上去。摄像机可以越过关系轴线拍一个后景中的人的特写，而他可以在分别镜头中轮流对每个人发生关系。需要时，每个双人镜头都可以用越肩的、主观的、客观的特写镜头来个别处理。在他们动作（如说话或作反应）时轮流占优势。每个人一定要分别处理，在他跟别的人发生关系时，要表现一种相对的视向。三个人的镜头因而变成了一系列的双人镜头。当他们转移视向时，每个双人镜头都产生自己的轴线（如图4－28）。

到这里我们讲了剪接（有时候为了叙述的方便配合拍摄时的情况来谈）上的位置、动作、视线三个方面的匹配原则。这些原则是保持视觉流畅和保持屏幕方向的重要保证，也是进行镜头语言叙述的基础。在一段叙述连续着的动作、时间也无中断的事件中，整个段落必须要保持设定的屏幕方向的连续和统一。主体的运动，位置和视线在上下两个画面的连接上要配合得上。如主体在各种安排中一进一出的运动，必须要跟设定方向的连续性相配合来入镜或出镜。所有主体，无论是屏幕内的，还是屏幕以外的。在各种切入或旁跳的镜头中，一定要让他们的视线方向配合适当，以便让观众一目了然他所处的位置，他与谁在发生关系。任何画面中遇有主体和摄像机运动着、曾经使原来的轴线发生过变化的，在这个画面结束时，都应该重新确定动作轴线。

对于动作轴线，最关键的一点是要铭记，主体的运动或注视在一个配合的剪接中，上下两个画面中要相一致。因此在每个画面的开始或结束，运动和视线都得注意，如果轴线与镜头开始不同，就要在镜头结束前从主体间重新设定一条新轴线。

在一个活动的场景里，会产生很多的变化，主体可能会反转其运动方向或改变其视线方向或位置；他们也可能越过设定的轴线；摄像机也可能越过轴线。但所有这一些在剪接时就不能有任何的混乱。除非是要作一种改变主体运动方向或视线方向的配合剪接，否则，在上下画面的连接时是绝对不应该改变主体的运动方向、位置和视向的。不然的话会引起观众视觉上的不流畅，也会使他们在认识上产生困扰。这种情形一旦发生，不仅会影响场景的描述，也会影响镜头段落的内在连续性，从而破坏了叙述的明晰和流畅。

第二节　剪接中的景别安排

景别是指画面中表现出的面积。它的大小是由摄像机与被摄主体的距离和透镜焦距的长度两个方面决定的。摄像机越近，被摄主体的影像越大，同样，透镜焦距越长影像也越大，反之影像面积就小。不同的景别既可传达不同性质的信息，又可给人以不同的视觉感受，所以正确地把握景别，是剪辑工作的基本要求。

摄像机拍摄中景别的变换比起照相机要复杂得多，因为它记录的是连续的运动着的空间和主体。在动着的摄像机，动着的人物和使用着伸缩性的透镜，影像的大小会随时发生变化。摄像机可用左右摇摄或前后推拉摄，把主体与摄像机的关系拉近或推远，使景别在运动中产生变换。在一个场景的连续拍摄中，可伸缩的透镜的焦距长度有多种变化。因此，在同一个镜头里，一个远景可能逐渐转换成特写，而一个特写也可以转换成远景。

正确地把握景别的变换，首先要了解不同的景别及其之间的组合在表达意义中的作用。一般来说，当一个镜头进入叙事系统后，它具有两方面的主要功能：一是介绍功能，主要是将画面中的信息传达给观众；另一个是创造情绪的功能，即通过一定的视觉感受强度，调动观赏者的情绪反应。不同的景别在不同的叙事系统中，它表现功能的重点也有不同。

对景别类型有多种不同的划分方法，其内涵和外延也各不相同。有时即使是相同的名词在不同的划分类型中的外延内涵也不统一。有人说的中景，在另外人眼里可能变成了近景。其实摄像机与主体的距离和透镜焦距的长度并不完全决定景别类型的划分。因为在拍摄不同的主体时情况是不同的。摄像机的距离与摄取的面积在拍摄一只鸟和一个人的特写镜头时就会有差异。因此，我们在对景别作类型的划分时，要考虑到镜头的内容以及影像大小对整个画面面积的关系。一个头的特写占满了屏幕，它描述的就是一个头，不管是鸟的头还是人的头。把景别与反映对象的内容联系起来考虑，不仅在拍摄时得考虑，在后期的剪接时也得考虑。

下面就介绍一下多种类型的景别以及它们各自在描述中的不同功用。

1. 远景

它是从很远的距离来描述一片广大的面积。主要是为了要给观众一个范围巨大的背景或一个事件场面的总体印象。画面中没有明显的主体，也看不清具体的活动状况。因此通常不大具有介绍性的作用。如自然景色、盛大的群众场面等。远景提供的视野开阔、包容巨大的空间。如果是自然景色会有一种心旷神怡之空灵感，可以用来抒情。如果是一个事件场面的环境，它能告诉观众规模和气势。这种庞大的镜头一般用来作一个片子或一个段落的开始，以便为后面的叙述作安排。它能把观众放进一种适当的气势和氛围中，为后面的角色介绍和故事情节的展开提供一个环境背景空间。

远景的画面可用摇摄，以增加一种趣味，或者在行进中表现更多的背景和活动。当然，如果是表现一种沉闷、凝重的气氛或节奏，可以用固定镜头的画面。这种景别在电影中更为适用，电视由于屏幕太小，表现一种远景的内涵和气势不太胜任，如果用这种镜头，也得在编辑时多留些时间，以便能让观众看得清楚一些。

2. 全景

它所描述的是动作所涉及的整个面积，是一种最基本的介绍性景别。它要展示整个活动场景中的位置、人和物，以便让观众对环境和事件的全貌有所认识。它可以是一条街道，一间房子或一个机舱，表示事件发生的场所。一个事件场景中的所有元素都应包含在全景中，因此在一个叙事的段落中，全景一般是不可少的，用它来确定事件发展的空间范围。所以，全景又被称作“定位镜头”，为情节确定特定情境。如果没有全景空间环境交代，就很可能使人感觉交代不清。要让观众从中知道它所涉及的是谁，他们活动的是什么地方。在分段进行时，他们是在什么时候在较近的镜头中出现。人物的入镜和出镜一般都得在全景中展现。因为他们的位置在叙述中会很有用。这样就可以使他们在后面的特写镜头中出现时，能让观众判断清楚他所处的位置，以及他与其他人物之间的关系。一般地，每当有主角运动时都应该用一个全景重新设定一下场景。

在剪辑时，即使是发生在室内的事件，也最好先用一个室外的全景镜头来设定房子的位置，如果是以室内为主要场景的片子叙事中，这一点就显得尤为重要。有时在一系列连续的狭小空间的画面中间用一个室外开阔的全景，可以把画面打开，让观众透一口气，因此它也可以在剪接时用于节奏的转换上。

在剪接时，全景往往是场景中光线、色调、影调、人物的方向及位置的总体基调和设计，后面连接的画面都得注意在各种元素上与之匹配，以保证视觉心理的流畅和环境空间的真实感。

全景是用一种正常的视点来观察事物的，具有较强的真实感，在电视屏幕上，由于空间大小的限制，全景中许多元素的细节无法清晰表现，尽可能把人物的全身显现出来。也正因此，在电视中往往用的是中全景，以便能将主要的元素交代清楚。

3. 中景

它是用来表现人从膝盖以上或腰以下的一种景别，可以使观众看清人物半身的形体动作和情绪交流。有利于交代人与人之间的关系，是人物活动的常用镜头，尤其在叙事性的描写中。

中景在电视上运用最适合，因为在电视这个有限的面积里，这种景别的画面能把所有动作都以较大的形状呈现给观众，让观众有种满足感。因为表现人物的动作，近景看不见手，弄不清人物的动作对象，而全景中看不清个体的人。中景里可能有几个人物聚集在一起，这时就能很好地表现他们之间的动作和情绪的交流。在中景中，观众所处的距离很适当，在远景中场景设定后，事件的展开在这里能得以最佳的表现。在一个中景里，特别是一个摇摄或推拉摄的中景里，叙述上有很多优势，它能把一个或几个人物的动作跟着表现出来。因此，在剪辑时，可以在一个远景交代活动环境后来一个中景展开叙述；也可以在一个特写之后再回到中景，以便把人物的位置重新确认。

在中景里，最富于戏剧性趣味的是双人镜头。这时候可以让观众清楚地看到他们面对面说话并由此形成的关系。因此剪接时可以多用这种镜头。

4. 近景

它是用来表现人的胸部以上的画面，也是一种常用来表现物体的面部特征或人物表情的景别。由于近景能逼近对象作仔细观察，又有较好的视觉效果，因此它常常用来展示人物心理活动的面部表情和细微动作，并产生一种交流感。

由于这种景别是处于中景和特写之间的一种景别，没有太明显的个性特征，因此许多人并不把它单独列出来，有人把它归入中景，有人则把它归入特写。在此不再赘述。

5. 特写

它是用来表现人肩部以上的一种画面，它可以把人或物从环境中强调出来。特写镜头能将人的细微表情和特定瞬间的心理活动的表情传达给观众。与近景不同的是，它具有一种强烈的主观感情色彩。常用特写细腻地刻画人物的性格，表现人物的情绪。有时也用它表现某一物体的细部特征，此时往往具有一种暗示和强调作用，揭示某种含义，也可在剪接时用它制造悬念或创造视觉震惊效果。特写可以说是镜头语言在刻画人物和描写细节时的独特手段。它是影视艺术区别于戏剧艺术的因素之一。它在影视作品中起一种像音乐中的重音作用。镜头一般较短，容易给观众心理和视觉上的强烈感染。当把它与别的景别结合使用时，就能通过长短、强弱、远近的变化，造成一种蒙太奇节奏。

特写在剪辑中可以有切入特写和旁跳特写之分。它们在使用上也有不同的价值，弄清楚这一点在剪接时会有很大帮助。现在就来分别讲一讲。

切入特写，一个切入的特写是指前面较大场景中的一部分，它往往是用来强调主要的动作部分，它以一个重要人物、物体或动作表情，用一种充满画面的超常视点的景象，来使主要的动作得以突出性的继续。在剪辑时运用切入特写有许多很好的作用，它可以尽量利用叙述中的精彩部分。如重要的人物动作和反应，重要的对话，来作戏剧性的强调并引导观众的注意。它可把重要的材料从所有不重要的材料中孤立出来，使观众的注意力集中于一种动作上，一种特殊的物体上或一个有意义的面部表情上。它是为了只呈现应该看到的而把所有其他的除掉。切入特写还可以把细部的动作放大，由于在中景和近景画面中，因素相对较复杂，观众看不太清细部的动作，所以用特写把它放大给观众看，让他们的好奇心得以满足，增强观看的兴趣。

切入特写还能用以压缩时间经过。一个冗长的动作可以用一个切入特写的插入而把时间缩短。把那些重复的动作除去。比如烧菜的过程，可以先用一个把菜倒入锅内炒的镜头，接一个人的近景，再用一个手撒味精的特写就可以上菜了。切入特写有时用以分散观众的注意力，以掩护由于不匹配或动作不够而形成的跳接。一个远景和一个中景由于动作的方向，人物的位置或视线的不匹配，而无法让它们直接连接起来，这种情况下插入一个特写镜头，就能使观众的注意力被吸引而注意不到跳接的错误。切入特写还能用以弥补看不见的动作过程。在现实生活中，有许多隐蔽着或难以靠近的操作，如电脑内部或一个烧炉的作业过程是无法拍摄到的，这时就可以插入一个操作人员在操作或监视时的情形拍成的特写，用以替代不可见的那段动作过程。这种方法适用于任何无法记录下来的题材上。

旁跳特写是另一种特写剪接形式。一个旁跳特写的画面内容与前面的场景有关，但它不是其中的一个部分，它描述的是与前面的场景同时在别处发生的次要动作。它与主要动作相隔，但无论它相隔多远，它都应直接或间接地与叙述连在一起。

旁跳特写在剪接时也有多种用途。第一，它可以用以显示屏幕以外人物的反应，有时候屏幕人物的一个反应，比屏幕内重要人物的动作本身还重要。比如观众对屏幕外的人对于对话的反应比对说话的人感兴趣。这种反应能够营造一种屏幕内外的交流。第二，暗示观众应作何种反应。观众在观看影片时，常常会对片中人物的旁跳特写的反应中激起相同的感觉，如紧张、敬畏、怜悯等。因此，插入反应旁跳特写镜头，是一种引导观众接受作者意图的行之有效的技法。第三，旁跳特写来显示相当动作作为重要事件的注释。以旁跳特写的方式插入画面的一些有关或无关的动作，均可作为视觉的注释以支持重要的事件。有时一些鸟类和动物的旁跳特写，还可以作为象征性的显示来作为人类行为的注释。如母亲对婴儿的关怀镜头旁跳插入母猴对幼猴的照顾，这情况虽然不能形成引申义，却能增强趣味性并告诉观众是什么。经常用的街上不同人们的旁跳特写，可以用来作为重要事件的动作对话或讲述的注释。而对于一个审判员的裁决，一种选举结果的所有的共同反应，可以用几个人的同意或不同意的反应的快速旁跳特写就可以涵盖全部了。第四，旁跳特写用来对一个重要动作的推动并作为一个段落叙事的开始，如火车的汽笛表示要开动了，发号的枪响表示一场竞赛的开始等。第五，旁跳特写用来代替描述上不宜表现或不需表现的场景。如战争、自然灾害、空难等会引起观众不安的场景。这时可以用旁跳的反应特写来代替。通常还用旁观者对于事件的反应来替代对事件过程的描述，这种情况在拍摄花费昂贵场景中用得最多，如撞车等，许多时候在拍摄时并不是让汽车真正撞在一起，而是在后期剪辑时特殊的技巧来制造的一种效果而已，而这时旁跳特写的反应镜头是常用的手段之一。第六，用旁跳特写来分散观众的注意力。因为屏幕外的人物、物体和动作都有其自身的特征和信息量，这就使得它在分散观众的注意力上更胜切入特写一筹。而屏幕上的一种经过考虑或无意间造成的方向转向，可用一个人反应的旁跳特写注视着车辆的移动，让观众觉得似乎在转向，并把它校正过来。

以上讲了各种不同景别镜头的特征以及它们各自在剪辑时的功用，下面再说一说景别的变化在剪接叙述时的一些规则。

景别的变化主要是指在一个叙述段落中不同景别镜头的安排，有时也指在整部片子中各种景别的关系以及形成的节奏感。这里主要讲的是前一种。剪接时对景别的变换，并没有一个成文的法则，不过一个有经验的剪接师，他往往能够巧妙地运用景别的变换来达到不同的叙述和审美效果。一般来说，在剪接时考虑景别变化的依据主要是叙述清晰、视觉流畅和情绪气氛。

1. 在一个叙述段落中，为了达到清晰有层次地描述事件的过程，常常用不同景别的镜头来实现

由于不同的景别有不同的表现力和描述重点，因此它们在叙述时的功用也不一样。如远景因它是以大视野摄取的远距离的场景画面，常用来交代环境背景和整个事件的规模和气势。因此它往往出现在某个叙述段落的开始部分，然而由于在电视上受屏幕大小的限制，远景往往难以让观众看清楚或感受到其间的信息，视觉效果并不理想，因此，电视中往往用全景来取代它。全景因其拍摄距离较远景近，观众可以辨认出它所介绍的活动场景中人和物的位置和关系定位。正是因为它的这个特性，全景基本上是放在某个场景片断的开头，展示给观众一个事件活动的空间。如果不用全景而直接用中景、特写来表现人物的动作，会使观众迷惑不解。有了人物活动的环境交代以后，就可以让人物的活动在其间展开了。所以在全景后往往可以用中近景来交代主要的人物并表现他的动作，以造成较强烈的动感，也可以用中景来描述人物之间的冲突或别的元素的加入等。

就像我们平时观察一个场面之活动一样，总是先扫一眼环境，再把注意力逐渐落在几个关键人物身上，之后开始想弄明白他们到底在做什么，然后是好奇心迫切希望能窥视他的细部的表情或特定的局部，以获得一种满足感。这种时候就经常会用特写镜头来展示。待紧张的高潮过去以后，我们的视线又会慢慢放开环顾一下整个场面的环境。这样一系列不同景别的镜头下来，观众对这一叙述的段落基本上有个清晰明了的印象。所以在剪接时，这种景别的安排是一种常用的手法。当然，这是一种平铺直叙的手法，有时候为了制造一种悬念，往往用倒叙的手法，先从特写开始，逐渐拉开，不断告诉观众原因和关系，最后真相大白。这也不失为叙述段落镜头的安排形式。在具体剪接时到底用哪种形式，可依据不同题材和叙述的不同意图来定。关于这一点，在后面的叙事剪辑中还要讲。

2. 合理安排景别的变换以获得一种视觉上的流畅

叙事的剪接，为了能给观众平稳流畅的视觉感受，就要避免相同景别镜头组接在一起。两个连接画面的景别要有所变化，当然也不宜使用变化太大的，如从特写到远景或从远景到特写的两极镜头的连接，而是用一种逐渐变大或逐渐变小的景别安排。

3．为了营造某种特定的情绪气氛，可以使用非常规的景别变化的安排

一定形式的景别变化的安排，可以产生一种因积累、对比的强烈效果而引起的视觉上的震惊和心理感受上的振动，这种效果的获得是采用一种非常规则的景别安排，这种情绪型的剪接在考虑景别因素时，主要着眼于景别带来的视觉感受强度的大小，越是激烈、动荡、活泼的情绪气氛，越要加大视觉感受的强度。在景别的运用上，情绪的处理主要有两种，一种是同类景别的镜头组接起来造成一种积累的效果。另一种是两类镜头的组接，即大远景与大近景的组接，用来造成一种强烈的对比效果，并通过这种视觉震惊效果引起人的心理的振动。

这种景别变换的安排，其目的不是在于叙述上的清晰。因此对画面中的内容因素考虑的并不多，而是想通过景别外在的形式、情感的变换节奏来产生一种有意味的形式，从而实现视觉心理上的特殊的情绪气氛的感染。

第三节　剪接中运动的表现

电视画面中的影像是活动着的，然而这种活动方式与真实生活中又是不同的。它不可能是现实时空中的流程，它有自己独特的时间和空间结构，因此画面中影像活动的连续的方式也有其特性。而且电视屏幕中的运动构成因素也不是单一的。这一切综合的因素使得在画面剪接考虑剪接点时就得有一个总体的观念。

从剪辑的角度讲，构成屏幕运动的因素有三个：一是主体的运动，即画面中的人或物本身处于运动状态之中；二是摄像机的运动，即摄像机的运动造成的画面运动感，如镜头的推拉，摄像机的摇移，而摄像机的种种运动是一种主观的感觉，并不一定与主体的运动在方向中或速度上保持一致；三是剪接率（或叫剪辑频率），即在单位时间里，镜头变换的多少。

要准确而又有意义地表现运动，剪接时首先要熟悉镜头语言对主体运动的分解和组合规律，要从主体的位置、运动、视线等多方面匹配来塑造一个与现实生活很逼真的运动感。同时也得注意主体运动与摄像机运动以及多种造型因素之间的联系。这样才能使主体的运动在电视的创作中表现出一种真实感很强而又有艺术意味的运动形态。不仅做到镜头外部结构的连续和镜头间节奏的流畅，而且使镜头的运动、主体的运动和组接的运动达到一种内在的协调和一致。这样，就必须在剪接时寻找最佳的剪接点。在电视的剪接中，运动的表现主要在动作的连贯、运动的速度和方向、运动的节奏等几个方面。

1．动作的连贯

动作的连贯，又叫“接动作”。镜头语言中对一个完整的动作的描述，通常不

是用一个连贯的镜头来完成的，而是采用把动作分解再重新组合的方法来实现的。因此电视中人物一个完整的形体动作是由几个既相互连贯又有瞬间变化的动作片断组成的。这些不同的动作片断是由不同的方向，不同的景别和不同的角度拍摄而成的。组接时的剪接点应选择在动作变换的瞬间转折处（静接静）或者在动作的过程之中（动接动）进行切换，这样就可以使一个动作流畅而不间断，使动作的转换，具有外在的连续性而避免了跳跃感。

接动作有两个特点，一是不同景别不同角度的镜头转换由于有了过程中动作的掩护，而使得它在屏幕上不显突出，从而顺利地完成镜头转换，使视觉不会不舒服；二是由于它是用不同的景别的画面描述一个动作，景别的变化使得动作的力度动感加强了，使它有了更大的感染力。

动作分解法在剪接处理时接点的掌握是受视觉因素影响的。一般来说，远视距的景别中的动作部分要多留一些画面，约占三分之二。因为这时动作幅度小，需要较长时间去感受；而近视距景别的动作部分的画面可以少留一些，约占三分之一。

要使得一个完整的动作用不同的景别角度的镜头来表现，既不产生视觉跳动，又能保持其连贯性，就得选择好剪接点，并寻找较为理想的镜头转换的依据，如人的起坐，行走时的身体起伏，讲话时头的摆动，进出门时的开关门，拿东西时手的动作，等等，都可以成为镜头切换的一种契机。

对于主体运动的镜头剪接，必须掌握一个原则，那就是动接动，静接静。这里所谓的动与静是指在剪接点上主体或摄像机的运动状态处于运动的还是静止的状态。在剪接点上，前后主体或摄像机的运动状态必须要保持一致。以上讲的接动作，可以是动接动，譬如把剪接点选择在主体动作转折的瞬间；也可以是静接静，如选择在动作的过程当中。不过这里讲的都是指主体的一种运动状态，下面再讲几种镜头运动状态在运动或静止时的几种剪接技巧。

固定镜头与固定镜头相同主体的相接。如果两个固定镜头中主体运动状态前后不同，譬如上一个镜头中主体是运动的（他从远处走来），而后一个镜头中主体是静止的（他站定了），那么这时的剪接点应放在哪里呢？根据静接静的原则，应该选择在上一个镜头主体由动变静的那一瞬间来切入下一个主体静止的镜头。而如果两个固定镜头中前一个镜头里主体是静止的（他坐着），而后一个镜头里主体是运动的（他走出去了），就应依据动接动的原则，把剪接点放在前一个镜头中主体由静转动的那个瞬间，再接后一个主体走开的镜头。这样就能保持一种流畅。

固定镜头与运动镜头相接。这种时候要采用静接静的方式。在运动镜头里要留出镜头运动前的起幅画面和镜头运动结束后落幅画面，以便作静接静的处理。

运动镜头与运动镜头相接。这时应作动接动的处理，要注意保持运动方向的一致。如摇镜头，前一镜头是自左向右的，后一镜头也最好是自左向右摇；推拉镜头，最好也是把一系列推的镜头和一系列拉的镜头连在一起。如果保持了镜头运动方向上的一致，就不需运动镜头的起幅和落幅了，从而有一气呵成的感觉，很流畅。

2．运动的速度与方向

画面各种运动的结果，产生直接的动感，这种动感是剪接时所要考虑的最基本因素。剪接就是要使各种运动镜头在连接起来后能保持视觉感受的和谐。这主要要注意两个方面的问题：一是运动方向尽量保持一致，使主体的动势趋向流畅、自然地运行，让人的视线能保持自然的过渡；二是运动速度尽量保持和谐统一，这样运动节奏不至于明显改变，使人的视觉感受也不至于有强烈的跳动感。这里的运动不仅是画面里主体的运动，也包括摄像机镜头的运动，在相连的两个运动镜头里，也得注意摄像机镜头摇移拉推进速度和方向的和谐流畅。

3．运动的节奏

在剪接时，经常有这样的情况，一组运动镜头当它们被组接在一起时，不是为了描述动作，而是为了表现一种运动的韵律和节奏，为了造成一种情绪效果和特定的气氛。这种剪接与接动作不同，通常表现的不是一个运动主体，而是许多不同的运动主体。这通常有这样几种情况：

一种是表现有秩序的运动，如人的活动、机器的运转，等等。这种运动尽管主体是不同的，但运动方式或方向是有规律、有秩序的，是沿着大致明显的方向运行的。在表现这种运动时，主要是利用运动体的动势，使不同主体的运动趋向一致，这样，人的视线就能顺着动势的导向自然地从一个镜头转移到另一个镜头。

另一种是表现杂乱的运动。这种运动，每个镜头的运动主体没有统一的运动方向和规律，只有一种运动的爆发力。这种运动的爆发却有着一种强烈的气氛和情绪效果，尽管每个镜头运动的方向不一致，但都有一种内在的冲力，这种动作冲力推动运动不断向前发展。利用镜头中动作冲力创造内在的动力线是这种剪接的关键。再一种是表现一种鲜明的节奏效果。这种剪接通过对镜头长度的把握和动作的重复产生一种明显的、有规律的视觉变化，这种变化不断打破人们固有的心理程序，促使心理活动的增强，不断造成一种新鲜感。

不仅是画面连接中主体的运动可以制造多种不同的节奏，摄像机运动镜头的运动也可以制造种种节奏。这种节奏可以是一种情绪的外化，也可以是纯粹的视觉感受，还可以是作者的一种态度的形式化表露。因为节奏不仅是镜头语言中的一种外在视觉感受，也是叙事和表意的一个有机组成部分。内在的节奏往往依靠外在的节奏形态来体现。因此，在剪接中，各种运动的各种形态的表现是很复杂的，难度很大，它依据剪接人员的较好的形象感觉和审美水平。

以上我们讲了一些在剪接中的规则，它们可以说是电视镜头语言的语法，要熟练自如地运用镜头语言，掌握这些规则是必不可少的。尽管有时候为了某种特殊的需要可以暂时破坏规则，然而整个镜头语言的构架都是靠它们来支撑的，没有它们，电视的叙事就难以完成，屏幕中的形象会变成没有思维没有逻辑的一片混乱。

剪接台上的任务也是很重的，许多创作思想的落实都在这里进行，剪接的作用至少有以下几个方面：

第一，可以保证屏幕形象的质量，在电视的传播中，有许多把关人，他们要对将在电视中传播的各种信息进行审定和确认，其中的一个重要内容是保证屏幕形象的质量：艺术质量、技术质量和思想质量。编辑这一关是保证高质量屏幕形象的重要一关，他必须使得自己创造的形象要在思想上是健康的，另外还得保证剪辑时的技术质量和艺术质量，这样才能使传播收到好的效果。

第二，可以选用最好的画面来为叙述服务。每一部电视片的编辑都是从比编成时间多得多的素材里，寻找适合于表现创作意图和叙事目的的画面，这可以说是编辑的一大权利，也是编辑的一大责任。难怪有人说编辑常常可决定一部片子的生杀大权。有没有把最好的画面从素材中挖掘出来，是影响一部片子好坏的一个重要环节。

第三，分割场次和段落。电视片是由镜头组成的句子和由句子组成的段落编辑而成的，因此段落场景是电视片的基本构成形式，好的组成段落是很重要的，它往往直接影响整部片子的叙述总节奏。另一方面，素材带里所拍的镜头常常是很乱的，这就需要编辑的悉心整理和编排组织。

第四，也是最重要的一点，编辑可以运用蒙太奇的镜头语言技巧来制造一种强烈的艺术效果，如通过对比、平行、积累、隐喻、呼应等蒙太奇的手段来抒情表意，也可以通过对特定时空的营造来实现叙事的目的，等等，从而制造出比其他艺术形式更有感染力的作品。

第五，编辑往往是决定片子真实与否的关键人员，由于镜头语言可以对时空进行重新的结构，因此常常可以把现实生活的时空打乱，从而编造出与生活逻辑不相符的逻辑来。因此对于编辑来说，良心是很重要的，他应该恪守真实的原则。尤其是电视编辑，一方面电视传播的影响力极大；另一方面电视又有一种天然的真实感，因此电视编辑如果要作假是很容易的，而且造成的影响很大。作为一名编辑，必须要有实事求是的品质，在生活真实的基础上创造艺术真实。

懂得了编辑的任务和作用以后，就得充分利用镜头语言和运用剪接中的规则来为创作服务，达到最佳的叙事表意的效果。在此我们对镜头组接中的几点依据作一小结。

1．依据特定的表现目的来剪辑镜头

一个镜头，一组镜头段落或一部片子都可以依据脚本中的表现目的来处理和运用镜头，运用剪接的手段来为叙事表意服务。如爱森斯坦在《战舰波将金号》一片的敖德萨阶梯的一个叙事镜头段落中，对沙皇的军队和敖德萨的人民，在同一场景时用的是完全不一样的剪接手法，通过不同的节奏，巧妙的蒙太奇组接和对时空的艺术化处理，使得这一段落有了更为丰厚的内涵，让观众在联想中获得很大的信息。

2. 按照画面中主体位置组接

前后画面在组接时要按画面中主体的位置来进行。一般地前一个镜头结束时所处的位置，应该是后一镜头开始的主体所处的位置，这样才能保持视觉流畅。按主体位置来组接特别适用于零散的素材。

3. 按主体的运动方向来组接

在画面的剪接中，画面中主体的运动方向必须保持一致。这一点在拍摄时也得注意。如果用同样的景别拍运动主体时，必须留出动作的延续部分并保持方向的统一。这可以为后期编辑提供足够的提前量和延时量的时间。一组镜头中间同一时空中不同景别的画面要求运动主体的方向也是一致的，这里的方向不仅是运动，还有视线和人物之间的关系。如果剪接时没有保持统一的屏幕方向，会产生视觉上的不舒畅，也会让观众产生认识的混乱。

4. 按主体运动的速度和节奏来组接

表现同一空间中同一主体运动的一组镜头里，如果没有交代变化，其运动的速度和节奏应该是统一的。因为有时一个场景是分几次从不同角度拍的，每一次主体运动的速度可能会有差异，这点务必留意。如果运动速度要作变化，在作配合剪接里的前一个画面中必须有个暗示，而且速度和节奏的增与减都得循序渐进。

5. 按照摄影的方向来组接

要保证一组段落镜头的每一个镜头的方向的统一，必须时刻牢记运动轴线的存在，它是保证空间统一的前提。当然这主要应该是前期摄影的事，但实际上，在编辑看到的素材中，常常会有屏幕方向不一致的问题，这时候剪接中就应该用各种不同的技巧来补救，以求方向的一致。

6. 按镜头运动的速度来组接

运用一系列推拉摇移的运动镜头时，要注意前后画面中速度的和谐，接得流畅就像是一首优美的旋律，不然就很不舒畅。摄影镜头的运动节奏是表现情绪的有利因素，可以通过对节奏的控制，找到适合不同主题不同感情基调的节奏感。

7. 按景别的大小组接

对视觉上的感受的不同要求，是剪接中景别变化安排的一个依据，因为常规剪接时要求景别的变化幅度不宜太大，当然有时为了制造一种悬念或视觉上的冲击和震惊，就得用一种使景别的变化在视觉上有跳跃感的安排，如两极镜头的组接或同一景别进行组接。

8. 按影调、色彩、光线组接

同一组镜头里，各个画面的影调、色彩和光线应该尽量统一，哪怕由一个场景换到另一个场景时，影调的变化也不宜过于强烈，当然有时为了某种情绪和情感渲染的需要，也常用影调、色彩、光线的强烈反差的特殊效果来表现。

本章思考与练习题

1. 剪接中有哪些匹配原则？
2. 如何实现动态和静态屏幕方向的连续与一致？
3. 有哪些不同类型的景别？不同景别在描述中有何不同的功用？
4. 在剪接中如何表现运动？
5. 剪接的作用是什么？
6. 镜头组接有哪些依据？

第 五 章
场面的转换

【本章内容提要】

转场是一种形式，然而它有其内在的视觉—心理依据，是叙事内容发展的需要，也是创造层次和结构的需要。转换时要注意心理的隔断和视觉的连续。

转场分为技巧转场和无技巧转场。技巧转场是利用特技来连接两个场面；无技巧转场则是利用镜头的自然过渡来连接两段落，此时要注意寻找合理的转换因素。

场面转换在影视作品中可以有两重意思，依照蒙太奇派观点，镜头之间是对列组接的关系，而一组段落镜头组成的场面之间也是对列组接的蒙太奇关系。场面的转换首先是蒙太奇镜头段落的转换。除此以外，场面的转换还可以指叙事结构中一段相对完整的情节发展的阶段性转换。在文字语言中，如果说蒙太奇段落组成的场面是一句话的话，那么情节段落就是一个自然段。情节的段落是由若干组段落镜头组成的场面。

场面、段落的转换有其依据，它们的划分也有其依据。

第一节　场面转换、划分的依据

一、场面转换的视觉心理依据

场面的转换是内容发展到一定程度的要求。就像写文章一样，一句话写完，自然要有句号，一段内容暂告结束，自然要另起一段。电视片也是同样，段落的划分和转换，是为了使内容的条理性更强，层次的发展更清晰。

对观众来说，场面的转换的视觉心理要求，是心理的隔断性和视觉的连续性。所谓心理的隔断性，就是要使观众有较明确的段落感觉，知道上一段内容到这里告一段落了，下面该开始另一段内容了，这样才不至于使观众看不出头绪。特别是纪录片，它很少有事件、人物的贯穿，很少能给观众非常具体的空间概念，也很少能用情节因素来作段落的划分，如果不能使观众较明确地感到内容的割断，就很容易犯层次不清、逻辑混乱的错误。所谓视觉的连续性，就是利用造型因素和转场手法，使人在视觉上感到场面与场面之间、段落与段落之间的过渡自然、顺畅。

在场面转换的处理时，这种心理的隔断性和视觉的连续性要受到内容要求的制约。在组与组的转换时，要强调视觉的连贯性而缩小心理的隔断性。因为，上下文内容之间有较直接的联系，这时就像文章中的“句号”，虽然上下两组镜头的内容有差别，但没有明显的意义上的隔离，这时就应利用画面的相似性，内容的逻辑性，动作的连贯性来减弱内容的断裂感。而在叙事段落间的转换或者较明显的意义的差别的蒙太奇段落的转换时，则应在加强心理隔断性的同时，减弱视觉的连续性，也就是形成“另起一段”的效果，利用定格、突变、两极镜头等方法，造成明显的段落感。

二、场面划分的依据

一组镜头的段落一般是在同一时空中完成的，因此时间和地点就是场面划分的很好依据，当然有时候在同一时空中也可能有好几组镜头段落，也就有好几个场面。而情节段落则是按情节发展的结构的启承转合等内在节奏来划分的。

下面讲一下几种划分的依据。

1. 时间的转换

电视节目中的拍摄场面，如果在时间上发生转移，有明显的省略或中断，我们就可依据时间的中断来划分场面。蒙太奇组接中的时间与真实的时间是不同的，它往往是对真实时间的一种压缩。屏幕上的时间有限，而生活中的时间很冗长，因此必须省略，在镜头语言的叙述中，时间的转换一般是很快的，这其间转换的时间中断处，就可以是场面的转换处。我们经常可以看到分镜头脚本中每个场景关于时间的因素，如日景、夜景、几月几日、春天、冬天等。

2. 空间的转换

叙事的场景中，经常要作空间转换，一般每组镜头段落都是在不同的空间里拍摄的，如脚本里内景、外景、居室、沙滩等，故事片中的布景也随场面的不同而随时更换。因此空间的变更就可以作为场面的划分处，如果空间变了，还不作场面的划分，又不用某种方式暗示观众，就可能会引起混乱。

3. 情节的转换

一部电视片的情节结构由内在线索发展成的，一般来说都有开始、发展、转折、高潮、结束的过程。这些情节的每一个阶段，就形成一个个情节的段落，无论是倒叙、顺叙、插叙、闪回、联想，都跑不了有一个情节发展中的阶段性的转折，我们可以依据这点来作情节段落的划分。

如果说上面一点讲的情节发展是一种叙事的内在节奏的，那么电视片里还有一种剪辑上的外在节奏，为了叙事上内在节奏的要求，也为了观众欣赏时的生理和心理需要，在电视片的剪接上要安排外在节奏的变换。它可以用剪接率，主体的运动速度，镜头的运动速度等因素来表现，它是与内在的叙事节奏统一或呼应的，它往往可以用作段落的划分。

总之，场面和段落是电视片基本的结构形式，片子里内容的结构层次上依据段落来表现。因此段落的划分首先是叙述内在逻辑上的要求，同时它也是叙述外在节奏上的要求。作品中描述的事件在情节上的起伏、动作上的跳跃和对接，高潮的形成和解决，也需场面和段落的划分来勾勒叙述的外在形式，使得节目在形式上安排与其内在情节的高涨低落、发展停顿相辅相成、互为呼应，以增强叙述的感染力。

场面之间，段落之间既有区分又有联结，因此在转场的意图和手法上要有种既分割又连续的不同作用。段落是由若干的场面组成的，因此每个段落的转换处，也肯定是一个场面的转换处。然而场面和段落的转换在目的上是不一样的，场面的转换只是为了告诉观众空间的变换，让观众能看得出头绪，跟得上叙述，并不是要在心理和视觉上给以隔断。而段落的转换则不同，它是与叙述中情节的发展直接联系的，可以说是情节线的外化，因此段落的划分是有内涵在里面的，它用以引导观众随着情节叙述中节奏的变换去感受，有种明确的心理上的暗示。由此我们应该清楚，场面间的转换应该是一种侧重于内在连贯式的转场，而段落之间的转场则侧重于一种分离切断。

知道了不同的目的，就可以寻求适当的转场方法了。

第二节　转场的方法

转场的方法是多种多样的，但依据手法不同分为两类：一是用特技手段作转场，一是用镜头自然过渡作转场，前者叫技巧转场，而后者又叫无技巧转场。

一、技巧转场的方法

利用特技的技巧使两个场面连在一起，它的特点是，既容易造成视觉的连贯，又容易造成段落的分割。电视有电子特技的优势，大大增加了特技的形式，先进的电子特技利用计算机数码，可编出几百种特技式样。现在特技不只用来作段落间的转换，在镜头的组接和画面表现方面也越来越多地被使用，作为一种特殊的艺术表现形式，我们的电视工作者应该能够熟练地运用它。场面转换常用的技巧手法有以下几种：

1. “淡出”“淡入”或称“渐隐”“渐显”

上一段落最后一个镜头的光度逐渐减到零点，画面由明转暗逐渐隐去，下一段落的第一个镜头光度由零点逐渐回升到正常的强度，画面由暗转明，逐渐显现，这样的转场过程，前一部分就是“淡出”，后一部分就是“淡入”。

淡出、淡入画面长度的值，一般各为 2 秒（共 4 秒）。但它们在实际运用时的长度是由影片的情节、情绪和节奏的要求来决定的。舞台剧有的场合需要“幕徐徐下”，有时则需要“幕急落”。“淡出”“淡入”也有快慢、长短之分，这都要看剧情的需要如何。有些场合不仅可以慢慢地“淡出”“淡入”，甚至还可能在中间加上一段黑画面，我们可以把这称为“缓淡”。过多使用会使影片结构松散、拖沓，不够凝炼，使观众产生厌倦，因此要慎用。一般用于大段落间的划分，给人间歇感，宜于自然段落的划分。

2. “化”又称“叠化”“溶”

第二个镜头出现于银幕，仿佛是从前一镜头之后逐渐显露出来的；即在前一镜头逐渐模糊、淡去、消失的过程中，后一镜头同时逐渐清晰。依照这种过程所占的时间长短，“化”有快化、慢化之分。

“化”的用途：第一，用于时间的转换，表示时间的消逝；第二，用于表现梦幻、想象、回忆等插叙、回叙场合，俗称“化出”“化入”；第三，表现景物变幻莫测、琳琅满目、目不暇接；第四，在两个画面用切换连接不顺畅的情况下，“化”可以保证镜头转换的顺畅，但这是消极的用法。

“化”表现时间过程的转场只表示时间的省略，因此化的次数则代表时间过程，一个过程一次化，表现回忆梦境等倒叙时，每个过程得用两次，即化出化入，以求得两个画面在形状上的相似，不至于生硬。

3. 划像

前一画面从一个方向退出画面，第二个画面随之出现，开始另一段落。划出，根据退出画面的方向不同，又可分为横划、竖划、对角线划，等等。划像，一般用在两个内容意义差别较大的段落转换时。

4. 圈出圈入

第一个段落结束后，用圆圈和方框等图形把下一个画面圈出来开始第二个段落。

5. 定格

第一段的结尾画面作静态处理，使人产生瞬间的视觉停顿，接着出现下一个画面，这比较适合于不同主题段落间的转换。

6. 空画面转场

当情绪发展到高潮的顶点以后，需要一个更长的间歇，使观众能够回味作品的情节和意境，或者得以喘息，能稍微缓和一下情绪。在这种情况下，单纯用“淡出”“淡入”或者用“缓淡”等处理手法是不能奏效的，需要安插一段具有一定长度的“空画面”来结束这一段落。意大利电影《向阳花》中，男主角安东尼和女主角乔万娜在海滩上热恋、接吻一场，把人物放在分别作为前景和背景的两只小船中间，两人卧倒后，剩下了两只小船的空画面，然后接上蓝天白云、大海扬波两个空画面，喻示了主人翁的一往情深，从而很圆满地结束了这一段。空镜头空画面转场是用镜头情绪的长度来获得表现效果增加节目艺术感染力的。

7. 翻页

第一个画面像翻书一样翻过去，第二个画面随之显露出来。

8. 正负像互换

来自于照相上的一种模拟特技。电影中靠洗印处理，而电视上靠色彩分离的技术，有种木刻的效果。适用于人物专题片。负像是种异常现象，而且有种阴险颠倒黑白之感，可以用于丑化暴君，也可以用于一个人的不同时代处境。如《紫禁城》中当慈禧由宫女变成太后时，就用了负像。

9. 变焦点

利用变焦点来使形象模糊，从而使观众的注意力集中到焦点突出形象上。达到不变换镜头就可改变构图和景物的目的。在这种技巧中，往往是两个主体在一前一后，在景深中互为陪衬，达到前虚后实或前实后虚的效果。它也可以使整个画面由实而虚或由虚而实，从而达到转场的目的。

技巧的转场，一般适合于用在较大的转换上，它比较容易形成明显的段落层次。在组与组之间的场面转换，则多采用直接切换的方法。

二、无技巧转场的方法

无技巧转场，它不用技巧手段来“承上启下”，而是用镜头的自然过渡来连接两段内容，这在一定程度上加快了影片的节奏进程。近年来，故事片基本摒弃了技巧的转场手法，时空的转换、段落的过渡都用直接切换来实现。这是因为，故事片有明显的情节线索，有由情节限定的相对空间稳定性。但在电视节目中，情况却不尽然。由于节目形式的发展，演播室和外景越来越多地结合在一起，在片子中主持人和记者也越来越多地和报道内容分开，两种屏幕形象同时出现。所以人们也越来越多地使用技巧手法把两种形象自然地区分开。虽然，技巧转场在电视节目中很重要，但无技巧的转场仍然是一种简便经济、经常使用的转换手法。

无技巧的转场方法要注意寻找合理的转换因素和适当的造型因素，使之具有视觉的连贯性。但在大段落的转换时，又要顾及到心理的隔断性，表达出间歇、停顿和转折的意思，切不可段落不明、层次不清。

这种用切换直接转场所以能成立，首先因为影视艺术在时空上有充分自由，屏幕画面可以由这一段跳到另一段，中间可以留一段空白，像删节号，而这空白不需要说明，观众就能得出自己的理解。因此无技巧转场的功能很大，这些功能使它省略了许多过场戏，缩短了段落间的间隔，加紧了作品的内在结构，扩充了作品容量。无技巧转场的段落转换处画面必须有可靠的过渡因素，可起承上启下的作用，只有这样才可直接切换。

1. 画面的合理过渡因素

(1) 相似性。两个相连镜头在主体上或者画面结构上有形式上的相似，如数量相等或上下两个镜头包含同样或相似的主体。

(2) 逻辑性。上下两段两个连接镜头在发展的情节上有逻辑关系，如因果对应，承上启下，等等。

(3) 比喻性。上下两段相连两镜头变化的画面内容有强烈对比作用，后一镜头对前一镜头有比拟、隐喻、象征等作用。

(4) 过渡性。运用画面主体的运动或摄影机的运动来使摄影场地、拍摄空间作转移，也可借助台词或音乐、音响来处理段落转移。

以上四个因素，使得无技巧画面转场呈现出流畅性。但是所有转场都存在分割性和连贯性两个因素，无技巧连贯转场时，合理的转场因素是矛盾之主导方面，次要方面是不能忽视转场时镜头间的分割作用，以示区别两个段落。我们在考虑段落间转换之合理因素之余，也要考虑两个段落相连的两个镜头的某些特征，使观众从画面本身的造型能够很快识别场面时间已转换。

2. 画面内容的特征

(1) 主体相同或相似的情况下，前景、后景变化造成环境地点气氛之改变。

(2) 同一主体在前后两个镜头当中，位置发生变化。

(3) 前后两个镜头在内容上有因果、对应、比列关系，但主体可根本不同，可显示是两个段落。

(4) 同一主体在前后两个镜头中运动状态不一，如静止变成运动或相反；由远到近或由近到远。

掌握以上合理过渡因素，又了解了连贯转场，无技巧转场还要注意场和场之间有些区分，我们就可以来了解掌握一些无技巧画面转场的具体技巧了。

(1) 相同主体转场

上下两个镜头是通过同一主体来转场，还有一些电视节目常用相同主体来穿针引线，镜头跟随主体由一场景到另一场景上下两个镜头是通过同一主体来转场，还有一些电视节目常用相同主体来穿针引线，镜头跟随主体由一个场景到另一个场景，如《新闻调查—— 一只猫的非正常死亡》，就是通过主持人柴静的转场完成一部的场景转换。

这里包含两种情况。第一种是上、下两个镜头包含的是同一类物体，但并不是同一个。然而，同类物体之间是极其相似的，因而可以作为合理过渡场面的因素。法国电影《两小无猜》，主人公苏菲和朱利安的相识是从一个漂亮的糖果盒开始的。苏菲和朱利安爆发了第一次争吵。在这个场景中，吵架之后，朱利安离开，苏菲坐在楼梯上哭泣，接她哭泣的面部特写，然后是俯视视角拍摄他们之间的信物——宝盒从苏菲的手中滑落，从楼梯上翻滚下去，宝盒一层一层滚落下去的镜头里穿插了两次苏菲哭泣的面部特写，宝盒跌到最后一级台阶时，一双手入画，把它捡起来，是苏菲，她打扮得非常漂亮，时间已经过去了几个月，她终于决定去找朱利安。这个段落的连接非常流畅，没有一个多余浪费的镜头，就处理了时空转换问题。

（2）主观镜头转场

所谓“主观镜头”是指借片中人物的视觉方向所拍的镜头。用主观镜头转场，是按照前、后两个镜头之间的逻辑关系来处理转场的手法之一。比如，前一个镜头是片中人物在看，后一个镜头介绍他（她）所看的目的物或场景，下一场就由此开始。在故事片中，要求上一个镜头同一个主观镜头在内容上有因果、呼应、平行等必然联系。

（3）挡黑镜头转场

这种方法是把“相同体”转场手法和“淡出”“淡入”结合起来的。在画面上的感觉是：在前一个场合，主体挪近以至挡黑摄影机镜头，在后一个场合，主体又从摄影机镜头前走开。在这种方法中，前后两个镜头可以是同一主体，也可是不同的主体。但必须是用来转换时间、地点，而不宜用作一般的镜头转换技巧。

在故事片《甲午风云》中，当邓世昌听说李鸿章准备向日寇投降议和时，他怒不可遏，急匆匆赶到李鸿章的行辕。他离开自己的衙门时大步直冲镜头而来，前胸挡住镜头；紧接着，当他背朝镜头向前走开时，已经是转到了李鸿章的行辕了。

主体挡黑镜头转场方法的好处是：在视觉上给人以较强的冲击，同时可以造成视觉上的悬念；同时，由于可以省略“过场戏”，使画面节奏紧凑；主体挡黑镜头，必然要最大限度逼近镜头，实际上赋予主体动作以一种强调、夸张的作用，能与演员果断、干脆动作或者急切的心情相吻合。如果前后两次挡镜头用的是同一主体，对主体本身就是一种强调和突出，使主体形象在观众视觉上留下了更深刻的印象。

（4）特写转场

这是运用特写镜头的显豁作用，来强调场面突然转换的手法。这种转场就是前面的镜头无论是什么，后一镜头都从特写开始。特写能够暂时集中人的注意力，使人不至于感到太大的视觉跳动。在纪录片中，特写常常作为转场不顺的补救方法来使用。纪录片常常从特写镜头作为一段开始，又以特写镜头结束并转入下一段。在这种情况下，特写镜头似乎产生了一种“间隔”画面的作用。

（5）动势转场

利用人物、交通工具等的动势的可衔接性及动作的相似性作为场景时空转换的手段。如某场戏末尾女主人公动手打男主人公一记耳光，下一场戏开头接男主人公痛苦地扑倒在自己的床上。

（6）承接式的转场

这是按逻辑性关系进行的转场，就是利用我们的影视节目两段之间在情节上的承接关系，甚至利用悬念，利用两段之间相接两镜头在内容上的某些一致性来达到顺利转场的目的。比方说有一部纪录片，前一段介绍某一发电站胜利建成，输电线伸向远方，下一段介绍生活区时，用了一个生活区一个大的招贴画，带电作业的女电工在高压输电线上翘首远望，通过这个肖像画，慢慢镜头转下来，转到林阴道上，人们在休息、散步，完成了转场任务。

（7）隐喻式转场

这是一种运用对列组接来达到转场目的的一种手法，它充分发挥影视艺术蒙太奇的对比作用，富有意义。如日本电影《野麦岭》开头段，用阔人在舞厅的舞步和童工在雪地里爬行的脚步，闪出闪回由舞厅转到野麦岭。这里有对比也富有隐喻，暗示了日本原始资本积累的残酷过程。

（8）用声音转场

用声音与画面结合达到转场目的，有的是用故事片中对白、台词转场，有的用解说词、歌词。

另外，画外音、画内音互相交替的衔接把发生在互相关联的两个场地紧密交织在一起。纪录片《奇迹的夏天》的最后点球决胜段落，球员准备射门和他的独白（“爸爸有问过我啊，他说踢足球有什么好的前途吗？我说我不知道。他说为什么不读书？我也说我也不知道。爸爸就讲啊，你要踢你就把一生踢完，就不要放弃。”）交织在一起，从而将赛场和对球员的采访场景连接起来。

（9）运动镜头转场

利用摄影机运动来完成地点转换，摄影机可以作升、降、移、摇、推、拉跟等运动技巧。这些运动技巧可用来转场，它好像我们的一双眼睛，随着我们的步伐从这个地方走到那个地方。比方把摄影机放到升降机上，首先在高处拍晨练的全景，然后随摄影机下降慢慢移动逐渐缩小，最后落到一处院落，或者通过门窗观察一家人的生活状况。当然也可反过来先拍一家生活起居，然后镜头开始移动升起，变为俯瞰全景。

（10）两极镜头的转场

这种方法在较大段落的转换时适用，它能造成明显的段落感。但在小的段落转换则不宜使用，过多使用，会使节目显得零乱、不流畅。

（11）多画屏画面转场

这是现代影视艺术技巧，它把一个银幕或一个屏幕一分为二，一分为三，一分为四，可以分得更多，叫多画屏技巧，可实现转场目的。有的宽银幕电影，银幕本来是一根情节线下来的，发展出三个不同故事并肩前进时，突然之间把原来故事的场景压缩了，压缩在宽银幕中间，两边出现另两个故事，观众可看到比方说三个家庭都在活动。演了一家之后，可能另外一个家庭这个戏就带进了原来的那个情节线，另外一个家庭画面就扩充，使另两个家庭挤出画面，实现转场任务。我们可从电影《虚人泪》双胞姐妹的故事中看到多画屏画面转场。几次运用一个在美国的姐姐，一个在伦敦的妹妹，用打电话方式实现多画屏转场。在美国拿起电话给英国打电话，结果打电话的人被缩到一边去，旁边让给接电话的，电话打完了戏就在接电话人这边开始了，接电话场景代替了原来那幅场景，实现转场。

从 20 世纪 70 年代后，尤其 1975 年以来，西方电影电视语言发展较快，其中突出方面，大都采用无技巧剪接，而较少采用技巧转场。实际上用直接切换的手法完成时空、段落转换这种技巧，本身并不是 70 年代发明的，早在 30 年代前后就用在一些影片上，那么为什么无技巧剪接直接切换转场手法在近 10 年以来变得时髦了呢？

这是因为影视艺术日益趋向逼真效果，越来越强烈要求摒弃那些影响真实的人为的痕迹，特技手法也属这个范围之内。影视创作者力图使观众在观看影视作品时真正感到身临其境，而排除银幕感。比方在摄影上按照日常视觉习惯拍，尽量采用固定机位，主体运动时它也不动。在布景上采用实景，尽量少用人工布景。表演上自然，甚至有时用非职业的演员。配音上尽量用同期声，而尽量少用配音。在剪接方面自然，要求没有人为痕迹，而用无技巧剪接转场。

本章思考与练习题

1. 场面转换和划分的依据有哪些？
2. 什么是技巧转场？技巧转场的方法有哪些？
3. 什么是无技巧转场？无技巧转场的方法有哪些？

第六章 两种类型的剪辑

【本章内容提要】

叙事蒙太奇是以交代情节、展示事件为主旨的。一般依据情节发展的时间、逻辑顺序来分切组合镜头，重在叙述的功能。在剪接时可依据动作、声音、情绪、节奏等因素作为逻辑因素来组合镜头。过程的分解与组合是叙事蒙太奇的重要环节，其结构方式可以有前进式、后退式或片断集合式。

表现蒙太奇是以加强艺术表现力和情绪感染力为主旨的。它以镜头的对列为基础，可以创造思想、节奏、隐喻、悬念和情绪，等等，其主要的结构形态有对比的剪辑、平行的剪辑、积累的剪辑、隐喻的剪辑和象征的剪辑等。

1900年史密斯在影片《老祖母的放大镜》中的一大发明就是把摄影机从固定的状态中解放了出来。他没有说明任何理由就在他的片子中让全景与特写交替出现，让人觉得新奇也让人接受了，从而摆脱了梅里爱让摄影机镜头一动不动地拍摄舞台的那种在视点上的僵化。这为后来的格里菲斯发现电影的表现方法奠下了一大基石。从此，电影有了自己真正的特性，并逐步演化为一种区别于以往任何艺术的表现形式的特殊的语言——蒙太奇。

初期的蒙太奇，只是用不同视点不同景别的或不同地点镜头的连续来进行一种情节的叙述。直至后来人们才开始用镜头的对列构成，让观众从中产生一种心理上的冲击，并引起种种的联想，获得镜头本身意义以外的意义，这就是两种不同类型的蒙太奇——叙事蒙太奇和表现蒙太奇。法国电影理论家马赛尔·马尔丹指出："所谓叙事蒙太奇，那是最简单、最直接的表现，是意味着将许多镜头按逻辑或时间顺序分段纂集在一起，这些镜头的每一个镜头自身都含有一种事态性内容，其作用是从戏剧角度（即戏剧元素在一种因果关系下展示）和心理角度（观众对剧情的理解）去推动剧情的发展。其次便是表现蒙太奇，它是以并列为基础的，目的在于通过两个画面的冲击产生一种直接而明确的效果。在这种情况下，蒙太奇是致力于让自身表达一种情感或思想，因此，它此时已不是手段而是目的了。它已不是将尽量利用镜头之间的灵活连接来消除自身的存在作为理想的目的，相反，它是致力于在观众思想中不断产生割裂效果，使观众理性上失去平衡，以使导演通过镜头的对称予以表达的思想，在观众身上产生更为活跃的影响。”这就道明了蒙太奇语言在叙事表意上的两种不同功能。

蒙太奇镜头语言为电视这一现代传播媒介借用以后，在许多方面都加进了自身的特性。然而在节目创作中，创作者表达的内容通常还是这两大类，一类是为描述一个动作或讲述一件事情，为了这种目的的镜头组接叫做叙事的剪辑（或叙事蒙太奇）；另一类是表现某种特殊的意思，如情绪、节奏、思想、概念性内容等，叫做表现的剪辑（或表现蒙太奇）。

第一节　叙事的剪辑

叙事蒙太奇，是以交代情节，展示事件为主旨的一种蒙太奇类型。它是在剪辑中依据情节发展的时间顺序、逻辑顺序及因果关系来分切组合镜头、场面和段落，表现动作的连贯，推动情节的发展，并引导观众理解剧情。它是通过表现人与事物处在运动及其过程，来获得一种叙述功能，因此又称它为外部描写性蒙太奇。它是一种最基本也最为常用的叙述方法。现在我们就它的一些特性和方法等方面来讲一讲。

一、叙事剪辑的内在依据

语言是用以交流的，因此，其最根本的一点是表达能够被人所理解所接受，不然的话，就难以达到交流的目的。叙事蒙太奇是镜头语言中最为基本的一种类型。它的叙述外在的形式上是直观的形象的，而且是连续的。好像应该比文字语言的理解上更方便，其实也不完全是这样。叙事蒙太奇对人和事物外在运动及其过程的描述和表现，并不是原始面貌的彻底再现，而是通过镜头的组接对连续时间和空间，对人的活动和事件的过程进行分解重新组合来进行的。那么，叙事蒙太奇能不能通过一系列并不具真实时空中的连续的不同景别不同视点的镜头的组合，来给观众一个人物活动和事件外部形态的完整的真实的形象，就得看叙事蒙太奇的这种剪辑是否存在一种内在的依据，让观众通过他们的生活经验能够接受的依据。

那么，叙事蒙太奇的依据是什么呢？

首先，叙事剪辑的内在依据是生活的逻辑。

任何事物的生成和发展都有其内在的必然性，都有自身的逻辑，最简单最平常的生活行为也不例外。一个学生早上起来，穿上衣服，叠上被子，下了床去洗脸刷牙，这一系列的过程，成了一种实实在在的存在，这也是生活本身的规律，这是由一个观众的普通的生活经验就能够理解和判断的。正是这种生活中的存在，成了叙事剪辑中通过镜头的组接来叙述动作、事件外部形态的最基本的依据。

剪辑是一种取舍组合法，它不可能，也没有必要把事件的全过程搬到屏幕上。它是去表现一种屏幕特有的时空连贯，是对事物所发生的时间和空间的重新组合。这种重新结合，虽然有着剪辑人员的经验和审美等多种因素的综合影响，有着自己的风格，但它又必须以生活逻辑为依据，是一种符合生活逻辑的剪辑。

生活的逻辑通常包括以下两个方面：

1．连续性

连续性主要表现在时空关系上。实际的运动过程以一种结构形式反映在屏幕上，这种结构形式使运动过程的时间和空间因素具有一种不确定性。它已不是实际意义的运动过程，而是经过再造的时空运动。为了达到叙述的真实，当不同的动作因素被连接在一起表现一个运动或事件的全貌时，首先要注意的就是时空的统一。

屏幕的空间表现一般来说有两种：一种是直接地再现空间，通过摄影机的再现功能，推、拉、摇、移，把运动本身以及它所处的空间环境直接地、完整地再现出来；一种是集合地构成空间。通过动作的组合或不同动作因素的连接创造出一个完整的空间构成。确切地说，是通过一系列镜头创造出一个完整动作的“印象”。因此，屏幕中的空间，一方面有一种记录式的仿真性再现，另一方面它又是一种经过组织和创造的美学空间和艺术空间，是一种人为的空间，这时的空间是由许多零星片断组合成的，而它的统一是通过对这些片断在一种创造性的连接后取得的。

然而通过一系列镜头组合后创造出的一个完整的动作的印象，必须是通过联想中的生活经验去填补那些空间的空白处和动作的切断处，不然就得不到一种真实的空间感和行动的连续性。

叙述蒙太奇的空间改变，应以实际动作的空间范围为依据，始终保持局部与整体、这一部分动作过程与那一部分动作过程的空间联系，使动作与环境形成有机的整体，这样就不至于因为组接手段而影响实际空间的可信性。

剪辑时镜头转换有较大的随意性，它通常要在大幅度的空间跳跃中建立连续的空间感觉，这就要求剪辑者时刻统一空间概念。这种空间统一的概念，一方面要求有一种感觉上的连续，这也就是上面说的通过依托在空间的那些人物和事件的连续感，给人以完整真实的空间印象；另一方面要求屏幕空间中人物和物体之间的关系、位置和方向也有种视觉和心理上的统一的感觉。因此，统一空间是指有一个特定的空间范围，它是为了表现一个空间内发生的活动和事情，这种空间感主要靠环境和参照物提供的，故事片中经常把不同地方拍摄的镜头用来表现一个统一的空间环境。如白宫的全景接莫斯科百货大楼阶梯上两人相遇，好像两人在白宫前的阶梯上相遇，这就是利用了交代环境使人产生的错觉。又如，先用一个很有香港特征的维多利亚湾周围的高层楼群的全景，接一个人在上海南京路的人群中匆匆行走的镜头，观众就会以为他是在香港的某条繁华的街道上，这都是一种环境背景的暗示给人的错觉。如长江岸边的树木、小路，接樱桃沟的小路上走，好像人在长江岸边的小路上走，这就是利用参照物的作用，让观众去作空间上统一的联想。纪录片中，严格地说是不允许这样做的。但在有些时候，表现局部范围的镜头（如特写、近景）在不影响真实性的前提下，也是可以借用的。如轴线有问题或缺少特写需要补救时，只好选用别处拍的镜头，但必须注意两点，一是事先有整个空间环境交代，二是要注意参照物是否合适，最好是没有背景。总之，要让人看不出来是在别处拍的。但这种用法是不得已而为之，必须小心谨慎，如果留下了虚假的尾巴，就会使观众从屏幕空间的那种构成空间幻觉中惊醒过来，觉得这既不是一种屏幕的艺术空间，也不是生活中真实的空间。原本存在于他心中的那一个对空间的感受观念就会因为审美感知条件的被破坏而失去，至少会影响他对某一段情节叙事的怀疑，严重时还会使他对整个叙事产生不信任。

由空间变化所组成的动作流程，总是伴随着一定的时间概念。它或者严格地再现了动作的时间进程，或者多少改变了原有的时间流程。但是，当一个动作过程转化为屏幕的叙述时间时，时间因素具有了可逆性。这一点在拍摄的时候就很明显，拍摄不同的情节常常是以场景为段落的，一个布景或场景中的事件活动总是集中在一起拍摄的，并不管时间上的顺序是怎么样的，因为时间在这里为了叙事上的某种需要被打乱了。不同时间段按一定顺序连接成一个完整的动作流程时，颠倒其中的某一段有时不会破坏整个动作运动的正常叙述。比如按中、近、全景的顺序拍摄一个画家作画，在组接时可以把全景提前，按全、中、近景来剪辑。

但是这种可逆性，必须以一个特定场景中的一个完整动作的线性连续为前提，不然的话，就会严重破坏空间的真实感和统一性。所以在拍摄时，尽管同一空间场景的内容是集中在一起拍摄的，然而，不同真实时间或屏幕时间里的同一场景也是不相同的。同一个房间，今天可能里面有一张桌子，昨天并不一定有；或昨天在床头放着一本书，今天已经被拿走了。因此，这个场景空间中的物与物之间的关系，人与人之间的关系，人与物之间的关系，还有位置都是随着时间的流动而改变的，而这改变的依据就是叙事中情节的发展线，在那条线中就假设了一条时间线。这条设定线的流程既是以情节发展为依据的，更是以生活的内在逻辑为依据的，因此，一个连贯的动作本身是线性的，不可逆的。如果在表现作画的过程时，把盖印章的镜头放在了前面，后面接的是画画的镜头，那就会使人感到迷惑不解，因为这样违反了生活本身的时间顺序。可以这样认为，叙事剪辑叙述结构的完整性，在很大程度上是由空间的统一和时间的连续建立的，和单个运动镜头相比，这种时空结构方式有更大的自由。这是因为蒙太奇语言的最基本单位就是画面，一个画面内的影像的活动时间、空间和其中人物的关系、方向和位置，都是现实中存在的客观化记录和再现，在这里，摄像机镜头是最忠实的，它摄录的只能是原貌，而且在连续的摄录中完全保持了时间上的线性流程。除非在编辑机上用慢放或倒放，它的时间可能拉长或逆转，作为一种记录在磁带上的物质形态，它的存在就是现实的存在形态。因此，这时候一个画面是一个元素，它本身具有一种不可破坏的内质，这也就是生活的内在依据。相反，作为一种结构，蒙太奇在剪接中创造出的时间与空间的连续则失去了物质现实的真实，变成一种人为的构成。然而不管怎么说，如果要实现叙事的目的，任何设计的叙事性剪辑里的时空，都必须符合生活的本身，只有以生活的内在依据为逻辑起点，叙事剪辑的时间和空间的真实感才能成立。

2. 联系性

所谓联系性，主要是指事物之间的相互关系。事物的存在往往不是孤立的，而是与其他事物之间存在着某种逻辑上的联系的，一个人的动作或行为，是有着内在的联系的。如一个人举枪瞄准天空并移动瞄准点时，观众自然产生一种欲望，想知道他瞄的是什么；当他扣动扳机，人们又会想知道他是否打中了目标，这就是通常人们所说的因果关系。再比如，当两个人对话时，讲话人的神态，听话人的反应，形成一种互动的交流情势，这就是一种对应的关系。又比如，当两个人约会时，一个人在等，一个人在找，同一时间，在不同方位上产生相互有联系的不同动作，这就是一种平行关系，等等。这种事物之间本身存在的联系，往往也是剪辑时的逻辑依据。

事物之间的这种内在联系，变成了人的一种潜在的意识并促使他形成为一种思维方式，这种意识让人对一个行为或动作的发展方向有着一种强烈的好奇和推测。当然这种好奇和推测对这样一个简短的行为反应在影视作品中，是瞬时性的本能的反应；如果在一个持续时间较长的复杂行为面前（反映在电影电视中的一组镜头段落或一部片子），则是一种持续的期待和多种推理。这种根据生活经验和对事物的认识所形成的对行为的好奇和推测，就是叙事剪辑中又一个逻辑基础。因为观众在心理上仿佛知道一个镜头之后要发生的事，其实他明白他并不知道要发生什么事，只是在他的心中存在着种种的可能，这些可能都是他依据自己的生活经验来构建的，而他的好奇心会使他迫不及待地想知道到底会发生什么事，这些种种的推测和好奇正是叙事剪辑成为可能性的依据。而剪接的结果只能是一种创作者选择（或设定）的，这种结果是多种推测中的一种，观众凭自己的经验或想象会对这种推测作认可或不承认。不管怎样，剪接中所作的这种选择是要以生活的内在逻辑为依据的，因此，动作行为往往帮助镜头完成连续的组合。

一个事件在发生的时候，除动作之外，常常有许多其他因素，如语言、视线、心理活动等，因此，在镜头剪接时也往往根据不同的情况来决定镜头的组合方式。但是不管是用何种因素作为镜头组接的依据，它本身首先都应该是符合生活规律的。

二、几种依据不同因素的剪辑

任何一个行为或事件总是由多种因素在起作用的，我们在分析观察和描述它的时候也可以从多种角度来进行。

这里介绍几种依据不同的因素为逻辑的镜头组接形式。

1．动作剪辑

以人物的外部动作，景物活动的外在形式为依据的剪辑。以画面的运动过程为基础，根据实际生活规律的发展来连接镜头和转换场面，使内容和主体动作的衔接、转换自然流畅。这是构成影片外部结构连贯的重要因素。在这里景物的运动形态也可以作为剪辑的依据，如日出、水流、火车等运动形态。这种剪辑在选择剪接点时要根据动作、造型、时空等因素，准确掌握镜头长度，使景物和影片的内容、情节、人物有机结合在一起，来加强叙事的力量。

2．声音剪辑

这里的声音包括对白、画外音、解说词、音响还有音乐等各种形式。它是以声音因素为基础，根据内容的要求与画面的有机关系来处理镜头的衔接，它要求声音的完整性和连贯性。可以以对白为依据作剪辑，对人物的对白的处理有平行和交错两种。平行剪接指上一镜头对白和影像同时同位切出，或下一个镜头对白和影像同时同位切入。这种方法由于声画同时转换显得平稳自然，但有时会显得呆板，一般适用于人物空间距离较大，人物对话语气平缓的对白剪辑。对白的交错剪辑，则是上一镜头对白和影像不是同时同位切出，或下一镜头对白和影像不是同时同位切入的。一般在上一动作未完时，就把下一镜头中的对白插入上一镜头的动作上去，或者将上一镜头中的对白延续到下一镜头的动作上来，从而加强两个镜头之间的呼应。这样处理往往可以使对话显得生动、活泼，明快、简捷。一般适用于人物空间距离小、人物对话交流紧密、语言节奏快的对白剪辑之中。由于画外音造成声画对列，有助于镜头衔接和转换上的流畅，也有助于保持人物情绪上的延续。对白的平行剪辑又叫“平剪”，而对白的交错剪辑又叫做“串剪”。

3．情绪剪辑

这是按照人的心理，一种内部的动作为依据的剪辑，它与人物动作剪辑不同，但又相辅相成。它是以心理活动为基础，根据不同形式的表情因素，结合镜头造型特性来连接镜头和转换场面，造成一种情绪的感染和感情的生发。这是构成影片内部结构连贯的重要因素。

在一部片子的情节结构中，会有很多大大小小的起伏，有低潮有转折也有高潮，从而构成片子的总节奏。如果完全依据人物的外部动作来剪辑，有时很难准确表现内在情节的跌宕变化。在情绪剪辑中，有些镜头画面上的外部动作虽然已消失，甚至画面上根本看不见动作，镜头却需保留得很长。因此常常会因为拍摄时镜头的长度不够而剪接空镜头来补足延续着的情绪。另一种情形是，有的时候镜头上外部动作拖得很长，但依据内在的情节发展看来，这里却需要干脆紧凑，就得去掉多余的部分，把镜头剪短。长镜头的组接方面，情绪剪辑不依靠外部动作剪辑点，却不放过任何一个情绪上的剪接点。有时候，当两个镜头所表现的人物不相同时，也可能利用前后镜头在情绪上的连贯延续，将不同的镜头紧密地结合起来。

4．节奏剪辑

它可以分内在节奏剪辑和外在节奏剪辑两种形态。内在节奏的剪辑就是以情绪为表现依据的情节起伏变化的处理。外在节奏剪辑则是以运动形态和镜头的造型特性，用一种比较的方式来处理镜头长度和衔接。外部节奏和内部节奏在本质上应该是有机统一的，但有的时候在表现的形态上并不一定是一致的。往往为了营造一种特殊的艺术效果，蒙太奇剪辑在内外节奏的处理上会有分离的现象，从一种对比和反差的衬托中增强叙事的感染力。

三、过程的分解和组合

尽管给观众的感觉上屏幕里的行为过程像真的一般，而实际上屏幕中所展现的过程与现实生活中的过程并不完全是一回事。从时间角度讲，屏幕时间是经过改造的实际时间。实际生活中的一个运动过程，在屏幕上可以被压缩，也可以被扩展。从空间角度讲，屏幕空间永远只是实际空间的一部分。在屏幕上，实际生活中的活动空间可能被分解成不同景别的镜头，也可能由其他镜头来组合。

在屏幕上表现一个事物的发展过程时，一般来说，不大可能完整无缺地记录(往往也无此必要)，而是经过重新安排，通过剪辑来表现的。这种重新安排，主要围绕两方面来进行，一是在前期把这个行为过程分解简化，并从各种角度各种景别把富有典型意义和相关联的片断拍摄一组系列镜头。一是在后期依照蒙太奇的规则根据创作者的设想把这组系列镜头进行组合，使之在视觉上有流畅感并有完整感，在心理上富有感染力。这是相互关联的两个方面，在前期分解拍摄简化时必须考虑到后期的组合效果。

现在分别讲讲这两个方面。

1．过程的分解

摄影师在拍摄现实中活动着的人和物时，把它拍成一个个镜头，以便编辑时把它们组接在一起，形成完整的动作过程。每个镜头在完整动作中具有一定的代表性和相关性。选择角度和景别以拍摄每个镜头，就是过程的分解。对编辑和摄影师来说，掌握分解过程的要领都是很重要的。分解过程的关键环节在拍摄，如果拍摄时忽视了这一点，巧媳妇也难为无米之炊。有时拍摄的一大堆素材，回来后却编不上，原因就是没有很好掌握分解的要领，没有选择具有代表性又相互联系的动作高潮点进行拍摄，在选择拍摄对象时，没有注意不同景别的造型作用。因此，在拍摄时，一定要有意识地用一组镜头去表现一个动作过程或事件面貌，有全景，有中、近景。通俗地讲就是拍摄的镜头要成组。

过程的分解通常又称分镜头，我们可以从下面的例子中看到分镜头的方法。

这是一个简单的故事。一个英雄正在与人聊天，突然一个人跑来报信，说那边一个强盗正在抢一个姑娘，于是英雄马上赶去，与强盗相遇，三个人有一段说明情况的对话。强盗拔出刀来与英雄打斗，最后英雄打倒了强盗，救下了少女。

这段开头部分被拍成了这样几个镜头：

（1）英雄与人聊天；

（2）一个人跑来报信；

（3）强盗抢人；

（4）英雄与强盗相遇。

接着是一个三人对话的全景镜头和分别拍摄的三个重复对话的近景镜头。

在这个段落中使用了分镜头最常用的两种方法。开头的四个镜头将一段相对完整的事件过程解析成不同的片断，从中选择出最主要的、最有代表性的片断，以建立起这一事件的完整“印象”，尽管它已经是经过省略和变形了的，这种方法通常叫做解析法。后四个镜头用一个全景将一段相对完整的事件完完整整地拍摄下来，这通常用来表现事件的全貌（叫做主镜头）。再选择主要的部分变换景别重复拍摄（叫做插入镜头），准备在编辑时去替代主镜头上相同内容的部分，这种过程分解的方法通常叫做插入法。

2. 过程的组合

把那些单独而零散的分解动作按照一定的顺序重新组合成连续活动的视觉形象整体，这就是动作的组合过程。通过组合，这个动作整体已不是现实生活中的动作原形，而是经过省略变得更精炼、更有代表性，但又不破坏视觉连贯性的屏幕动作。

视觉形象的连贯并不是一种机械的镜头连接，它受到内容和创作者意图的制约。任何一个动作过程在变成屏幕动作时，都可以有多种组合方法。根据不同的目的，人们会选择主体动作的不同阶段。比如上面的前四个镜头，当组接时会有这样几种可能性：

一种是1、2、1、3、4。

再一种是3、2、1、3、4。

另一种是2、1、3、4。

这几种方法都能用来叙述清楚发生的事情。再比如这样一个例子：一个人坐在一张桌前，桌上放着一杯酒，他弯身端起酒喝下去。分别拍全、中、特三个景别。

一种接法：①坐着的全景，在弯身去拿酒时；②中景，弯身拿起酒喝下去。这里舍去了特写，表现了人的悠闲自得，是一种平静的无冲突剪接法。另一种接法：①酒的特写；②人坐着全景；③中景，弯身去拿酒（建立从静到动）；④酒杯特写，一只手伸进，拿起酒喝下。这是一种变异的处理，特写有强调作用，暗示酒里有文章，可能是毒酒。

组接画面的因素很多，但主要是根据一定的内容，一定的目的。正如雷逊在《电视导演工作》一书中说的："一个有目的的连贯性——一段动作流程——是凭借这些镜头本身的内容而产生的东西。任何两个画面都可以接在一起，但只有当两个镜头的内在性质连在一起而出现一种实际的或哲学上的关系时，它们之间才会有一种有目的的连贯性。"

四、叙事剪辑的几种结构方式

叙事剪辑的目的主要叙述一段剧情，展示一系列事件的过程，有时它通过镜头之间的关系来表现，有时则通过段落之间的关系来表现，以引导观众把整个叙述看成一个有意义的整体。

用镜头叙事需要考虑的内容意义，景别的表意作用，动作的连贯，人物的关系以及主要事件（或动作）与周围环境及事物的关系，等等。在全面考虑这些因素的基础上，确定叙事的基本思路和镜头的结构方法。

（一）叙事剪辑的镜头结构方式

1. 前进式

即由远到近的组接。这种组接方式是根据人们了解事物的心理重点和观察事物的视觉重点，把人的注意力从环境逐渐引向重点，顺序展开某一动作或事件的过程。这是一种平铺直叙的规整的结构形式，在叙事剪辑中最常用。

这种叙事的结构方式，对于动作来说，它先用全景建立动作的总体形态，再用中景、近景来强调动作的细节和它的实际价值。而对于事件来说，前进式的叙事结构是先用全景交代事件发生的环境背景，再用中景交代事件的各种结构因素及其关系，然后是用近景和特写把注意力引向具体的活动和细部特性，等等。但是，对镜头结构方式的理解，不应简单地理解为全景、中景、近景的镜头组接，而应主要把它理解为一种叙事的思路，一种从大环境逐渐深入事实的叙述方法。因为，在多数情况下，只有三四个镜头不可能讲清一个事情，它总有相对复杂的发展过程。比如：从前有个山（远景）；山里有个庙（全景）；庙里有个老和尚讲故事（中景）。但在实际的叙述中可能会变得复杂得多：从前有个山，山上青松翠柏，鸟语花香，一条小路通向山顶；山里有个庙，红墙灰瓦，庙门上的漆皮已经剥落；庙里有个老和尚讲故事，庙堂里香烟缭绕，灯光昏暗，小和尚在聚精会神地听着。这样，它就不再是三个镜头的简单组接，而是在秩序前进的思路中的多种镜头的组合。它不仅讲述了一个事情，而且造成了一定的情绪效果。这种结构方式可以使事件动作既连贯又便于变化，而且容易营造一种很有感染力的内在节奏。

2. 后退式

即从近逐渐到远镜头叙述。它把最精彩的或最富有戏剧性的内容突显出来，造成先声夺人的效果。

如果说前进式是镜头由全景开始慢慢向前推进，不断深入事件的内核，用特写告诉观众事件的结果；那么后退式则是由特写开始，先展示一个使人震惊的结果，然后再慢慢拉开，把关系、缘由和背景呈现给观众。这是一种比前进式的叙述更容易吸引人的变异的方法，给人视觉上较强的刺激效果。

有时为了突出重点内容，用较小景别把兴趣点强调出来，首先引起兴趣，再逐渐了解环境和全貌。有时为了造成某种悬念和惊险效果，先出现局部，使观众产生一种期待心理，然后再出现整个环境。用这种方法要注意节奏，不能头重脚轻。

3. 片断集合式

即选取一个完整运动过程中的几个主要片断把它们组接在一起，每个片断只是事件发展中一个具有代表性和相关性的动作高潮。通过这些高潮段落的组合，建立起一个完整事件过程的印象。这种方式省略了不必要的中间过程，是一种简洁明了的叙述方法，而且具有概括性、含蓄性。

当然，这几种方法与前面说到的一样，不应简单地理解为一种景别变化的方法，而应理解为一种叙述的思路。“叙述思路”，这在剪辑中是一个非常重要的概念。

（二）叙事的基本思路

当考虑用镜头来叙述一个事件的时候，通常用以下的思路来把握。首先是分析内容的性质，其次是确定表现重点，再次是确定镜头连接的方案。我们从分析上面那个“英雄救美女”的例子来看一下这几个步骤的意义。

1. 分析内容性质

就是对所述之事有一个全面的了解和分析，对它发生、发展的过程，来龙去脉、前因后果有一个清晰的认识。比如“英雄救美女”段落从内容的发展讲，大致有三个阶段：事件的发生、打斗、救下美女。这三个阶段使事件逐渐展开并发展到一个结局。从事件发展的节奏讲，从渐快、剧烈动荡、缓慢，在两个阶段转折的地方都有停顿。从人物的关系讲，三个人物之间分为两个对立的方面，互相之间在事件发展的过程中逐渐产生较为紧密的关系（或对立、或亲近）。这种分析实际上就是为了把握事件叙述的逻辑依据。

2. 确定表现重点

就是根据内容性质，确定每个段落所要表现的重点意义。这包括两个方面，一是内容的重点是表现什么，二是为内容注入一种什么样的情绪。比如，第一个阶段重点是引入事件和介绍人物，是一种造悬念的方法，还是一种先声夺人的方法呢？不同的情绪气氛要求会影响到镜头的选择和镜头顺序的排列。如第三个阶段，强盗被打倒后事件进入结尾，重点是放在通过这场争斗，美女与英雄之间产生了好感，还是被强盗拉走，事件就结束了。表现重点的确定受到内容性质的制约，同时又是确定镜头连接方式的依据。

3. 镜头连接方案

就是根据内容的要求确定镜头的排列顺序。同样几个镜头，会有不同的排列方法，每种方法总会产生意义（或情绪、气氛）的差别。比如在第三个阶段，如果要表现英雄与美女之间产生了好感，在镜头的剪接上就会反复切换两个人对视的镜头，使两人的心理活动通过人物之间的关系体现出来。而只表现打倒了，事件就结束了，那两个人物的近景就会省去了。在决定镜头顺序的同时，对景别的大小、镜头的长短以及镜头运动方式和节奏的安排都要相应的有所设计和考虑，这样才能做到准确地表达内容意义以及与之相符的情绪气氛。

第二节　表现的剪辑

表现的剪辑是一种以加强艺术表现力和情绪感染力为主旨的蒙太奇类型。它是以镜头的对列为基础的，因此又称对列蒙太奇。它是通过不同内容镜头的对列所形成的冲击来产生比喻、象征、联想的艺术效果，从而给一种单独镜头本身所不具有的新的更为丰富的含义。它致力于让镜头的对列自身来表达一种感情、情绪、心理或思想。它的目的不是在于叙述情节，而是用一种作用于视觉的象征性的情绪表意方法，直接深入事物的深层，去表现一种比人们所看到的表面现象更深刻、更富有哲理的意义。表现蒙太奇可以说是剪辑中最富于变化也最具创造活力的一种方法。它的运用更需要创作者的智慧和技巧，在这里时间已不再是重要的结构形式。

下面我们就来分析一下表现蒙太奇的特性和剪辑结构形式。

一、表现蒙太奇的特性

爱森斯坦在谈到表现蒙太奇的时候说过：“摆在艺术家面前的任务是，将这个能从情绪上体现出主题的形象转化为两三个局部性的画面，而这些画面一经综合或对列，就应该在感受者的意识和情感中恰恰引起当初在创作者心中萦绕的那个概念的形象。”在这里爱森斯坦说到了蒙太奇在艺术情感交流中的作用。托尔斯泰说过类似的话：“艺术活动是以下面这一事实为基础的：一个用听觉或视觉接受他人所表达的感情的人，能够体验到那个表达自己的感情的人所体验过的同样的感情。”电视节目也决不是只把现实复制在影像上，而是要把作者的感情表达给观众，以引起观众的共鸣。表现蒙太奇在很大程度上正是为了表达某种思想和情感，并使观众在一种强烈的心理冲击中产生共鸣。表现蒙太奇的另一个目的，是从实际事件中作出理性的隐喻，引出抽象的概念，爱森斯坦把它称为“理性蒙太奇”。这种剪辑超越了简单讲述故事的方法，运用画面组合的力量来表达思想。他这样说：“老式的影片能指导感情，可是（理性蒙太奇）还能提供指导整个思想进程的条件。”爱森斯坦认为“摄影机拍下的、未经剪辑的片断既无意义，也无美学价值，只有在按照蒙太奇原则组接起来之后，才能将富有社会意义和艺术价值的视觉形象传达给观众。”

爱森斯坦的理性蒙太奇概括地说就是：把单个镜头组接在一起，这时已不是两个镜头的简单相加，而是构成了一个有含义的整体。用他自己的话说就是：“两个接合镜头并列并不是简单的一加一而是一个新创造。”

从两个不相干的镜头对列中产生新意，爱森斯坦对蒙太奇的这种理解，最初是由于受到中国象形文字的启发。“水和眼睛的画面表示流泪，耳朵靠近门的画面＝听；狗＋嘴＝吠，嘴＋孩子＝号叫；嘴＋鸟＝歌唱；刀＋心＝忧伤；等等。可是这就是蒙太奇！是的，这就是我们在影片中所做的事，把好些属于描写性的，意义简单，内容平常的镜头变成理智的镜头组合。”

爱森斯坦认为，镜头间的冲突是剪辑艺术的基础之一。运用冲突原则，可以使艺术潜力最大程度地发挥。在一些最著名的影片段落中如《十月》的克伦斯基走上台阶，《战舰波将金号》的敖德萨阶梯等都采用互相冲突的构图格式和剪接形式，造成大小、明暗、个体和群体、整齐与散乱的强烈对比。在这些对比中，单个镜头本身被视为是无艺术性或无意义的，只有按照冲突结构把镜头与另一镜头组接时，才获得艺术含义。因此，他在论及银幕画面与真实的关系时，强调的重点是剪接，而不是镜头本身。

另外重要的一点是，爱森斯坦利用镜头间的隐喻效果来引导观众的思维。他认为，两个毫不相干的镜头，在它们组接的夹缝中，可以产生出一种理念的东西造成某种象征。如他把克伦斯同孔雀开屏组接，造成一种炫耀的概念；把屠宰场杀牛和镇压工人组接，象征非人性；三个不同姿态的石头狮子组接，象征觉醒。这样的例子在爱森斯坦的影片中经常见到。这种隐喻的缺陷在于意义过于明确，完全是强制性地让人接受。

爱森斯坦的蒙太奇的重点不是叙述事件和表现动作的连贯。他很少用完整的叙述式方法，而更多代之以具有纯粹理智特点的结构。在剪辑中，推动每个镜头向前的不是情节动作，而是思想，连续性影像传达的不是事件而是主题意义。这是基于他对电影功能的认识。爱森斯坦认为，应该把蒙太奇理解为不仅仅是产生效果的手段，而首先是阐明思想的手段，即通过某种电影语言及其特殊形式阐明思想的手段。

对于纪录片创作，爱森斯坦的蒙太奇有着重要的意义。把不连续的生活片断组成一个有机的整体，通过蒙太奇剪辑来表现思想、阐述主题，这是纪录片最常做的，而理性蒙太奇恰恰提供了这种表现的理论依据。

我们可以看看蒙太奇的几种表现功能：

1. 创造思想

普多夫金曾在《今天与明天的电影》中说："蒙太奇与思考是不可分割的。有分析性的思考，有批判性的思考，还有综合、联结和概括性的思考……蒙太奇就是要揭示出现实生活中的内在联系。"蒙太奇能利用通过镜头之间的对列，进行一种特殊的蒙太奇思维，并形成一种观念，产生思想。

2. 创造节奏

法国的莱昂·摩西纳克曾说："作为选择和安排画面的结果的节奏综合会促使观众产生一种感情，一部影片就是从节奏中去确定顺序和比例的。"因此蒙太奇剪接的外部形态即镜头的一定长度和镜头景别的变化在连接起来的镜头中产生一种节奏。镜头的长短变化和景别变换中的幅度不仅可以形成视觉冲击，也能造成心理冲击，并产生一种情绪。

3. 创造隐喻

通过在某一方面有相关特征的镜头的对列，形成一种关系并产生出文学的比喻效果。

4. 创造悬念

通过镜头的安排形成一个有效的情节设计，产生紧张的戏剧效果，使观众有一种期待心理。

5. 创造情绪效果

通过一种内在节奏的一系列镜头的积累，而使观众逐渐产生一种高度紧张的情绪。

蒙太奇创造的节奏、思想、情绪、隐喻、悬念都是通过联想获得的，蒙太奇正是依赖并调动观众的联想的力量，使分割的镜头构成整体，并产生各种各样的意义。

现在我们可以归纳一下表现剪辑的几个主要特性了：

第一，它是以镜头的对列为基础的，相连镜头中表现的主体不同。

第二，它不是以叙事为目的，而是为了表达某种情感、情绪、心理或思想。

第三，不以时空的逻辑顺序作为镜头组接的依据，而是以镜头间一种联系的意义为依据。

第四，镜头在对列中产生暗示和隐喻的效果。

第五，这是一种作用于视觉的象征性的情绪表意的方法。

第六，它的意义和作用的产生是依靠观众的联想来完成的。因此它的价值实现必须有观众的创造性参与，而不像叙事蒙太奇那样，观众需要的只是认同和接收。

弄清了表现蒙太奇的这些特性之后，就可以更有针对性地利用镜头语言的这种特殊方法为剪辑服务，譬如，它是不以叙事为目的的，剪辑时选择镜头就可以用那些时间因素、情节因素不强的镜头画面；又如它是首先作用于视觉心理的冲击的，就要求它尽可能用视觉冲击力大，并有对比的画面；还有它是一种含蓄的表达方式，我们连接镜头就不应该把那些意义浅显或信息相似，不能在对列中产生新含义的画面放在一起。另外，表现蒙太奇的意义产生是通过激发观众的联想来实现的，在组接镜头时就得留下给观众联想的空间等。

二、表现剪辑的结构形式

表现的剪辑是通过不同内容的镜头的对列，依照它们之间在一种超越画面本身的意义上的关联来形成让观众联想的空间，并在观众的创造性参与下实现其意义的。

表现剪辑的镜头结构形态主要有以下几种。

1. 对比的剪辑

通过镜头（或场面、段落）之间在内容和形式上的强烈对比，产生相互映衬的作用，以表达作者的某种寓意。它是借助现实生活中存在贫与富、苦与乐、高尚与卑下、生与死等画面内涵上，以及景别大小，光线明暗，色彩冷暖，声音的强弱，角度的仰俯等画面形式上的对立差异来进行对比和强调的。在剪辑时作者通常把这些对立的因素进行组接，以表达一种情感和思想。如在纪录片《辛亥风云》中，资产阶级贵族们在舞池中跳着舞的脚与矿井下爬行的矿工的脚的对比，表达了作者的感情和思想。还有表现旧中国帝国主义者在中国作威作福，用了这样一组镜头：外国人骑马进入球场，骑马打球，中国人拉着人力车在奔跑，外国人坐在人力车上打球；外国人骑马打球、外国人坐在人力车上打球。两组镜头反复对比组接，相互作用给人以强烈的情绪感染，并鲜明地表现了作者的思想。而在伊文思的《新土地》中，把未收的麦田、粮食被烧毁、牛奶倒入大海的镜头与骨瘦如柴的饥饿大游行的镜头组接在一起，形成了一种强烈的愤慨和声讨。

对比的剪辑还可以通过镜头中对立因素的对列，使得它们在一种差异中起相反的作用，从而让人们感受到事物的发展变化。

2. 平行的剪辑

它是指在一个蒙太奇的镜头段落中，把有着逻辑关系的两条或两条以上的不同时空，相同时空，同时异地或同地异时的线索交替出现，平行发展。它们之间往往在一种内在的逻辑关系的制约下相辅相成。这种剪辑方法不仅可以自由灵活地展现更为广阔的时空结构，并可以从多层次多侧面观察一个事物或一个事件状态和发展，揭示它们的内在联系，以此来表达事物的深刻内涵。毕加索曾经画了一幅非常著名的画《格尔尼卡》，这幅作品是毕加索为抗议法西斯轰炸格尔尼卡的小镇巴斯克而作的。为了表现他愤怒和苦闷的情绪，他在画面上表现了一系列扭曲变形的人物和动物的形象。在一部介绍毕加索一生经历的电视片《毕加索 90 岁》中也介绍了他的作品《格尔尼卡》。然而在这里并没有太多讲述背景，也没有把画整幅呈现给观众，而是把这幅画分切成多个局部，并把它们分别与当时战争中轰炸的镜头交替剪辑在一起，这样不仅让观众对毕加索的现代派绘画《格尔尼卡》有种直观的把握和理解，同时也加强了一种情绪效果。正是相辅相成的两组镜头的平行剪辑，使得它们之间的内在逻辑关系共同促进并形成一种更饱满的情感思想。又如在《微循环专家修瑞娟》中讲述“修氏理论”的一组镜头，用了大海和显微镜下血管中血液流动两个形象的平行组接。因为修瑞娟的理论形成受到大海的启示，另外“修氏理论”形象地表述为“海涛式灌注”，海与她的理论有着一种直接的逻辑关系。这两个形象的并列恰当地表达了这种关系。

平行的剪辑还可以通过两组形象交叉来构成一种画面结构的变化，并通过这种结构变化使原本并不具有直接关系的两组镜头相互影响、相互加强，产生一种共同的效果。《疯狂的石头》借鉴了美国电影《两杆大烟枪》，但成功地融入了中国元素。其平行剪辑的运用成功之处是在翡翠展前夕的时候，安排了三个场景，分别是：保安的准备工作、笨贼的准备工作、大盗的准备工作。这三个场景按照 A1、B1、C1、A2、B2、C2……的顺序来剪辑，把影片的节奏加快起来，预示着好戏正式开场，效果是成功的。

平行的剪辑还可以把两种即将会合在一起而达成强烈高潮的场面组接在一起，不仅可以增强紧张的效果，更能为冲突的形成作准备。这种剪接的处理常常用于两种力量的冲突，如敌对两个部队在一种越来越快的交替中向前推进的镜头组接。这种方法也适用于追逐、救援等情节中。如果在事件进行到快要进入高潮时，可以在平行交替的来回剪接中让观众在焦急的情绪中更感不安，从而增强了悬疑。电影中常用的定时炸弹或某一个毁灭性的计划即将实施之前，常会用这种手法。有时在纪录片的剪辑中也可以用平行的剪辑来营造不同的气氛。

平行的剪辑，又称平行蒙太奇。

3. 积累的剪辑

它是将一组在某种因素上有联系的镜头组接在一起，并在一种不断的叠加的积累效果中树立一种思想或主题，因此又称主题蒙太奇。这里的联系因素可以是镜头内容上的，也可以是镜头形式（如景别、运动方式）上的，采用这种剪辑方式时，镜头之间多半是没有太多剧情上的联系，它们经常是不同时空的物象或事件的组接，它们之间意义的产生和关联主要是靠剪辑上形成的一种节奏。美国的劳伦斯·戈尔德斯坦和杰·考夫曼在《电影入门》中就认为，通过一种节奏手法能够“把一些不同地方以及在时间上没有特殊联络的镜头连接起来。然而这种用法并不是用这种节奏来塑造具体事件的外貌，而是用它的结构来形成一个纯粹幻想的世界的一个主题”。他们把这叫作“主题的剪辑”。其实，我们在纪录片的创作中也经常使用这种蒙太奇组接形式：在时间上、空间上没有特殊联系的同类镜头被连接在一起，它不是用来表现某一具体事件的，但是当镜头一个接一个在银幕上出现时，镜头之间的一种内在逻辑关系在有相关因素的镜头组接积累中被确立起来，并产生一种含义。

运用积累式的组接在画面结构上最重要的依据不是一种时空或情节上的连贯，而是画面内涵或画面的外在形式的一种类似的因素。首先我们来看看这种剪辑以画面内涵的联系为依据的情况。由于这些镜头组接后的结果是要形成一个意义，因此，这种剪接的起点就是确定每个画面所具有的内在意义以及它们与主题之间的关系。也就是说在选择作积累剪辑处理的镜头时，必须考虑选择那些与主题表达相关的镜头，并努力使得每个镜头都具有表达主题的内在潜质。当然主题的产生是靠一种积累所形成的节奏来实现的，而且这里的主题不仅可以是一种思想、观念，也可以是一种情绪，但是不管是何种主题类型，必须有条无形的线来贯穿这系列散乱的镜头，并使它们统一起来作为一个整体。

请看伊文思的影片《激流之歌》中的一个例子。这是一部以密西西比河、长江、恒河、伏尔加河、尼罗河、亚马逊河六条河流为背景，反映沿河人民劳动生息的影片，影片开头用的是一组镜头。当你只注意某一幅画面、某一个劳动动作时，并不觉得它有多么深刻的含义，只觉得他们在劳动；但当把一幅幅画面组接到一起时，劳动创造生活的主题就成了每个画面的内涵。如果把休息、玩耍的镜头接进去肯定是不行的，因为它们不是体现主题的外延。

由此可见，积累剪辑所形成的主题是以一组画面的全部内容为内涵的，而不是以某一画面内容为内涵的，每个画面内容在剪辑时被延伸和强化，通过一组镜头积累和结合造成一种整体感，并形成一个完整的观念。

积累剪接在画面结构上的另外一个依据是画面的一种外在形式，如景别或活动的形式等因素的相似形态，可造成不断的加强、不断的积累效果。如许多音乐、体育节目中常可以通过快速简捷的切换形成一种节奏来感染观众的情绪，从而完成一种意义的表达：如一种力量，一种速度或一种韵律。

积累剪接最大的作用可以说是能把一系列没有特定时空联系的镜头组接在一起，并使它们共同完成一个完整意义的表达。因此在这种情况下，每个画面内容并不需要一种具体的内容，也不需要让观众看清画面中的各部细节，只是要通过画面的组接来产生一种综合效应，使观众在一系列连续的镜头中积累起一个总体的印象，这就是一种思想、情感、观赏或情绪。

积累剪接的又一个作用是建构一种诗意的效果。蒙太奇是主观的产物，是作者有意识的活动。艺术家用他独特的观察力，在大自然和人们的社会生活中感受到诗意。他眼中的花草树木，不具有植物分类学的价值，而是生命与繁荣的象征；他眼中的翻腾跳跃，不是运动学的动作分解，而是运动的旋律、美的旋律……这种感受通过蒙太奇手法概括地表现在屏幕上，就使影片富有诗的意境。积累剪辑还可以直接用以描写生活上富有诗意的主题。请看南斯拉夫纪录片《春》中的一系列画面：巍峨的雪山，雪融化汇成涓涓细流，瀑布飞溅着水花一泻千丈；花开了，蜗牛在松软的土地上爬行，草泛出嫩绿的色彩，原野上开满了五彩缤纷的花朵，白的、蓝的、紫的……这些富有春天特色的不同景象组接在一起，并以一种抒情性的节奏表现出来，给观众一个富于诗意的春天的形象。而这种形象的形成正是通过镜头的积累组接，把一系列单个的、本身不具明确主题的镜头整合出来并传达给观众的。

积累剪辑有时则通过选择一组象征性的画面，用一种类比的手法来描写出诗的意境。在电视片《啊，草原》开始的一组镜头中把青翠欲滴的小草，蜂蝶在野花间飞舞，母马轻轻舔着小驹，牛犊贪婪地吸吮母牛的乳汁，小羊依偎在母羊的身边，土拨鼠欢快地蹦跳，天真的儿童爬在草地上舔着草叶上的露珠……这些并无联系的镜头组接在一起，把草原的一派生机表现出来，作者以景起兴，写景抒情，情景交融，创造出诗的意境和“生命”的主题。

表达一种情绪和情感，也是积累剪辑的一个重要作用。伊文思在《西班牙的土地》一片“村庄遭炸”一组镜头中，没有满足于产生一般性的谴责的效果，而是着重表现了轰炸过程中人的不同反应及变化，强调感情的力量：炸前的人，感到威胁、恐惧的表情；爆炸破坏，由于不明真相产生的恐怖；妇女到处乱跑；轰炸后开始活动的人，寻找伤亡者，一个婴儿的憨笑，一具具尸体，两个小孩在玩，飞机坠落。这样的组接比表现狂轰滥炸的破坏过程更具有感情的力量，因为它深入了人的心灵，使人不只用眼，而且用心领会了“暴力是罪恶的，然而人性是不灭的”这样一个具有感情色彩的主题。在这组镜头的组接中，伊文思不只是要让观众看到事实本身，还通过一种“移情的剪辑”唤起观众对现实的感受与思考，激发观众的激情，从而产生出一种情绪的感染力量来，并借以引起观众的感情共鸣。

4. 隐喻的剪辑

它是通过镜头（或场面）的对列或交替，将具有某种相似性特征的不同事物进行类比，含蓄而形象地表达作者的某种寓意或事件的某种情绪色彩，从而深化并丰富事件的形象。它是通过两个视觉形象的对比形成的，一般是用一个形象的意义来说明另一个形象的意义。例如普多夫金在影片《母亲》中把工人示威游行的镜头与春天冰雪解冻的镜头组接在一起，用春水来隐喻一种新的力量的不可阻挡。

用作隐喻剪接的两种视觉形象应该是有种可比性和内在的联系的，如果是生硬的比照，就很难让观众产生联想，也就不能完成隐喻的目的。如在《迎接挑战》中有一组镜头是通过体育竞赛的镜头和各种科技发展的镜头交叉组接，形成一种比喻。

当今科学技术的发展处在一个激烈竞争、飞速前进的时代，谁不奋力向前，勇敢拼搏，谁就要落后，这样的比喻让人看来不生硬。因为两种视觉形象之间有种内在的联系，存在着可喻性。

在运用隐喻的剪辑处理时，必须寻求一种贴切和自然，不能牵强，同时也得注意不能太庸俗和直露，而是追求新颖、含蓄。只有这样才能起到深化并丰富事件形象内涵的目的，不然的话，不仅难以形成新的更深的意义，而且会使得观众晦涩难懂，莫名其妙，或者失去兴趣。

5．象征的剪辑

它是通过镜头间的对列让形象本身的意义隐去，同时经过观众的联想和想象产生另外一种新的引申的意义。它与隐喻剪辑依靠两种视觉形象的对比不同，它是以情节中特定的情境为依托，来使镜头中的形象产生一种形象以外的引申意义。它也像隐喻的剪辑一样，有一种主观的色彩，然而也不是凭空的，而是有着合理的内在依据的。

如在《克里姆林宫》中，表现改朝换代时用了四次象征的剪辑。第一次，晃动地拍摄一尊手持权杖的帝王雕像，一根权杖掉在地上，表现一个王朝覆灭了。第二次，晃动的蜡烛和墙上的影子，蜡烛熄灭。第三次，豪华的王宫餐桌，精美的餐具，突然桌布被抽动，餐具掉在地上。第四次，宫门被冲开，刀斧在摄影机前晃动着向前冲去。四次改朝换代，四次不同的象征性用法，既形象又生动地表达了同一种意思。这是一种模拟的方法，通过模拟一种动荡气氛的节奏，使观众产生心理联想，间接地体会到内在引申意义。

有时候象征的剪辑运用的是借代的方法。就是借用现实生活中的一个物象来指代另外的一种含义。如我们前面举过的“时间”的例子中，用一组各种钟表（从日晷到现代的原子钟）来代表时间计量单位从秒到微秒、微微秒的变化。象征的剪辑还有一种方法是直接赋予某物或事以引申意义。

象征剪辑中物象新含义的产生往往是靠一种文化的积淀或特定的情境和语境，并需要观众的联想和参与。如常会用黄河来象征中国的古老渊源文明；用皇冠象征权威；用阴森的庙宇象征封建的禁锢，等等。

表现的剪辑除了表达某种主题意义之外，通常都具有较强的情绪色彩，是创作者运用剪辑技巧，艺术化地表达自己内心感受和思想情感的结果。因此，它具有较大的灵活性和较明显的个性特征。它的新的或引申意义的产生是靠观众的联想后完成的，因此，在作各种表现的剪辑时，要注意镜头间对列的内在的或外在的依据，切忌凭空硬拉，牵强附会。当然也不能太直白或太晦涩，如果太直白不需要引发联想，也就不会形成新的含义；如果太晦涩则不能引起联想，同样不能产生新的含义。

本章观摩影片

《电视画面剪辑技巧》《战舰波将金号》《克里姆林宫》

本章思考与练习题

1. 什么是叙事剪辑？叙事剪辑的内在依据是什么？
2. 解释动作剪接、声音剪接、情绪剪接和节奏剪接。
3. 剪接中如何对过程进行分解和组合？
4. 叙事剪辑有哪几种结构方式？
5. 什么是表现的剪辑？它有什么特性和功能？
6. 表现剪辑有哪几种结构形态？

第 七 章 剪辑中的结构

【本章内容提要】

电视作品的纪实性、心理化、多角度、理性化倾向。

不同的题材应该有不同的结构形式。主要的结构形式有顺序式结构、交叉式结构、板块式结构。

剪辑不仅是把镜头连在一起，还要把若干段落组合成一部完整的作品。一系列单个镜头的相加其内涵超过各个镜头之总和，同样，若干段落的组合意义也超过各部分之总和。在这里，镜头如何编排，段落如何组合，也就是如何进行叙述，其表现形态即为结构。从最终意义上说，电视编辑就是要构造一个完整的叙事系统，即结构形态，只有把镜头及段落统一于一个完整的叙事结构之中，才能展现它们的功能。

电视中的叙事必然表现为一种结构上的形态，而作品的结构，是直接影响着叙事的感染力的。

第一节　电视作品的叙事特点

电视作品的叙事有两个层面的意义，一是叙事的内容，即作者所要讲述的故事。再一是叙述的方法，即表达层面。它是屏幕画面系列的物质性表达，作者所要讲述的故事就是由表达层面的方法来“叙述”的。

叙述的方法应依照一定的规则建造影像系列的内在统一性，并使其系列的次序和节奏实现叙事的目的。电视作品在结构中形成的节奏和次序，应该是作者为表达其视像而精心创造的。叙事的内容是“说什么”的问题，而叙事的方法是“怎么说”的问题，这个“怎么说”也就主要表现为作品的结构方式。

在叙事的内容和叙述的方法之间有三类相关关系。首先是次序关系，一般来说，叙事的内容通常以思维的或事件的直线性次序为特征，而叙述的展开次序往往与内容的展开次序有不一致的时候，如回忆、插入、跳接、闪回，等等。二是同一行为在两个层面中时延关系往往是不一致的。一般来说，在叙述中的时延都短于内容中同一事件的时延。如一个人从家里到街上，在屏幕上只用了几十秒钟，但却表示了叙事内容中几十分钟的历程。三是两个层面中的视点往往不一致。在叙事内容中一般只以叙事者的视点来建构故事，而叙述时，则可以用不同的视点——旁观者、剧中人物、叙述者等，来引出叙事内容，引导观众观察一个实在的世界。

在纪实性的电视作品中，叙事是创作者根据生活的本来面貌，对生活事实的艺术表述。它可以突出情节因素，强调冲突和矛盾，表述为情节化的叙事。它也可以突出逻辑因素，强调生活本身的过程，表述为一种散文化的叙事。还可突出情感因素或理念因素，强调心理体验和理性的思考，表述为一种诗化的叙事或哲理化的叙事。不同的叙事形态往往表现出不同的作品结构形态。

我们先来看看电视作品在叙事上的一些主要倾向。

1. 纪实性的叙事倾向

近年来，在电视的各类节目中，纪实性的叙事渐成主流，不仅是在纪录片、专题片中，还出现在电视剧的叙事中。飞天奖获得者《九一八大案纪实》就是一个例子。这里说的纪实性，并不仅是表现在叙事方法上的一种纪实性的再现倾向，而且更表现在一种观念上的追求纪实效果。哪怕不是对生活的再现，也努力在营造一种生活流程的效果，使屏幕形象自然逼真，酷似生活本身。这种潮流和观念的形成是有必然性的，因为电视作为一种大众的传媒，其魅力主要在于真实迅速地反映现实生活。因此纪实性的倾向不仅引起了创作者的注意，也受到广大观众的欢迎。不少电视片以人们的普通生活为题材，反映他们的日常生活，把人物的活动放到真实的环境背景中。像《迁徙的人》《房东蒋先生》《马戏学校》《老头》等纪录片，这些影片都是按照生活的真实面貌来选择内容，而不是按照内容的需要安排生活的。

纪实性的叙事方法，首先在表现生活时，尽量不加过多的修饰和强调，而是选择大量真实的生活细节，细致详尽地展现生活和人物，把作者自己尽量躲避到事件的背后去，以一种客观的旁观者的身份去记录描述生活现象，避免留下人工干预的痕迹，力求真实自然。其次，在表现生活时，也不是单纯从事件出发，只表现光溜溜的生活，而是表现生活的丰富性。在选择和安排内容时，不要求内容的统一性和严肃性，而是强调生活的气息和现场感觉。

这种纪实性的叙事倾向可以说从创作选题开始，到拍摄时的选择和剪辑时的镜头选择和编排始终是贯穿着的。

2. 心理化的叙事倾向

现在的许多电视片，不再是单纯地表现事件的发展，叙事的心理化倾向日益明显。电视片多半要表现人，但过去电视片主要是以表现动作、行为为主，尽量避开心理描写。这是因为电视片不像故事片那样能用虚构情境和演员的表演来表现人物的内心活动，也不能像小说那样没有形象依据去间接描述。随着电视思维的日趋成熟，电视片反映人的内心活动的能力加强了。

如“Discovery 中国题材纪录片”其《秦始皇之谜》用了大量的心理活动讲述，这位中国封建王朝的第一位君主怎样统一中国，在这个过程中他有怎样的人性挣扎以及面对什么样的选择，在当上皇帝后的几年中又被怎样的恐惧笼罩，这些心理活动通过第三人称解说以及第一人称讲述淋漓尽致地展现出来。《母亲，别无选择》中，当田惠平从德国留学回来正准备开创事业享受生活时，突然得知自己的儿子患的是几乎难以治愈的孤独症时，那种绝望和痛苦，后悔当母亲，甚至想与儿子一同去死的种种心态也通过自述表现出来。

在有些影片中，表现内容不是仅限于局部的或一时的心理反应，而是去表现一种广义的心理意识，通过事件所提供的氛围，人物所处的特定关系，反映某种具有普遍意义的社会心理意识。《第二个春天》由上海文广集团纪实频道青年导演郭静与美国著名纪录片导演崔明慧合作拍摄。在中国，女性多在 50 岁退休，男性则在 55 岁退休。他们退休之后的生活质量如何得到保障？退休在家，他们如何打发时间？子女们各自有了家庭，工作的压力又是如此巨大，退休的父母与子女之间如何相处？带着诸多的疑问，导演走进几户上海家庭。影片不仅描述了退休的人们在退休后思想感情的心理变化轨迹，而且展现了城市生活中不同的家庭背景、不同的生活习惯、不同的爱好共同演绎的夕阳下“春天”。

另一种心理化叙事是表现作者的心理情绪，用大量的内心独白（通常是解说形式）和写意镜头来唤起观众的心理体验。《新闻调查·以生命的名义》讲的是同性恋这样一个非常现实的社会话题，但作者用感性的语言、象征性的镜头，使纪实题材情绪化，具有强烈的主观色彩，展现了一个群体真切而“边缘”的爱。这是表现性电视片常用的方法。如“Discovery 中国题材纪录片”其中的一部《敦煌写生》，片中两位画家除了被摄影师记录下他们的旅程，还要在晚上独处的休息时间里按要求面对摄影机“独白”，像日记一样说些关于旅途随想的话，他们对于遥远中国的期待、对于沿途所见的感受、对于敦煌的理解，都以这种面对镜头娓娓道来的讲述方式展现了人物的心理活动，同时他们的语言也成为解说词、画外音以及重要的主体内容。

3. 多角度的叙事倾向

生活并不像简单地讲故事那么单纯，而是有着多方面相互联系的复杂形态，无论是一件事、一个人或一方面问题都会有许多不同的认识角度。为了适应现代人多向思维的特点，电视片有时打破了环环相扣、层层递进的单线叙事方式，从不同角度多层次地来叙述一件事。电视片就要力图反映出生活的这种多样性和复杂性。电视时空高度自由的表现手法，也为多角度叙事提供了方便。

《南京》是一部由“美国在线”副总裁特德·莱昂西斯出资200万美元拍摄的纪录片，根据已故美国华裔作家张纯如的著作《南京大屠杀》改编，以当时在华西方人的视角记述了侵华日军的暴行为主线，同时有当年受难者、日本老兵的讲述，穿插史料镜头，从不同视点带我们走进了这场令世界震惊的悲剧。

4．理性化的叙事倾向

对于有些影片来说，表达系统的理性观念是它们的主要任务。从生活中发扬某种哲理内容，去反映现代人的人生观、伦理观、社会道德观，通过生活形象体现发人深省的生活哲理，启发观众去思考、去理解，已成为一些影片的深刻之处。电视片叙事的理性化并不应只是概念化地讲述空洞的道理，使内容枯燥无味，而是要把哲理与形象融为一体，通过生活化的表现来体现理性观念。对人生问题的探讨，对社会问题的探讨，对理想问题的探讨离开了生活本身，只能陷入空洞说教的困境。因为现实生活中情与理本来就是交融的。

电视片叙事的哲理化倾向，主要表现为两种形态：一种是从哲学文化学的高度去探索一些生活现象和社会问题。电视叙事的哲理化倾向，主要表现为两种形态：一种是从历史、文化甚至哲学的高度去探索一些生活现象和社会问题。例如《大国崛起》，一部以世界性大国的强国历史为题材跨国摄制的大型电视纪录片，它不是简单地介绍一个国家，而是充满思辨性地讨论国家发展问题，并为之提供了可资借鉴的历史资源和文明资源。

另一种是用形象材料来论述思想概念和理论问题，《复兴之路》中详细解读了1840年以后至今中国人民的战斗与建设历史，不仅让观众对中国的复兴之路有感性认知，也使人们对这样一个具有重要现实意义的问题进行纯理性的思考。

11集的《森林之歌》，除前3集总论外，其余8集各指向一片有地域特色、气候带特征的森林类型：秦岭自然保护区、长白山红松针叶林、新疆胡杨林、藏东南高山林地、海南热带雨林、云贵高原山地森林、武夷山竹林、海上红树林。这些地方大致反映出中国原始森林的版图构成。

第二节　电视作品结构的基本要求

我们经常会看到有些电视作品，某些画面很精美也有很多的信息量，或者某些段落很精彩，然而看完整部片子后，在观众的感知中，这些镜头或段落并没有组成一个统一的整体的形象。这是因为在这里忽视了叙事结构的逻辑，电视形象外表上的完美或自成一体，还不能说明它达到了整体的内在的统一和完整。

一个电视作品在叙事上的成功与否，很大程度上是取决于它的故事是怎样讲的，这就是作品的结构问题。结构通常是叙事最直接、最重要的具体化形式。一部影片是否能准确地表达作者的意图，是否能很好地吸引观众，与它的结构技巧有着重要的关系。创作者不仅要去表现生活中的事件，而且还要去表现情感内容和哲理内容；不仅要把事情讲清楚，还要讲得吸引人、感染人，这就要求创作者为电视的叙事找到一种恰当的外化形式。

电视节目的结构，有两个层次的意思：一是整体布局，这是对整体形式的把握，使作品层次分明，结构完整。一个是内部构造，这是对影片中各局部的构成和转换的把握，使作品上下贯通，过渡自然。

电视节目特别是电视纪录片的结构形式较之故事片有更大的自由度和随意性。因为它不受故事情节和人物性格发展逻辑的限制。这一特点为纪录片作者提供了发挥创造力的更大可能，同时也对纪录片的结构提出了更高的要求。没有一个新颖独特的结构形式，只是平铺直叙地堆砌材料或一览无余地表述思想，是不可能吸引观众的。

形式是作者的美学趣味、风格爱好、想象方式以及技巧掌握程度同影片的内容、立意相结合而产生的融合物。绝不能以为会有某种一成不变的表现形式和结构形态。

结构形式是电视创作中最活跃的成分，对于同类的题材，不同的作者可以用完全不同的结构形式来表现。结构的固定格式虽没有，但通过大量艺术实践而总结出来的基本规律还是有的。而且从某种意义上说，这种规律还决定着艺术创作的成败。所以，了解结构的要求，掌握结构的基本方法，进而分析和研究一些优秀电视节目的结构特点与成功原因是很有必要的。

电视作品结构的最基本要求是要做到完整、自然、新颖、严谨、统一。

1. 完整

它要求电视作品在结构上应该形成一个整体，不能给人以零乱残缺的感觉，要头尾圆合，各部分要饱满，各部分之间要匀称和谐。一部电视片的整体结构一般都有开头、主要内容、结尾。主要内容部分又根据内容的逻辑关系分成若干层次，这些部分的组织和排列形成了结构的完整性。

一般来说，电视节目没有一个完整的故事情节作为结构框架，经常要把一些不完整的片断，甚至是零碎的材料组织在一起。而且形象材料不像文字那样容易产生连贯的感觉，有时，即使有条较清楚的思想脉络，也不容易建立起完整的总体感。因此，这就更需要有一个清晰、完整的结构形态，使人对这些片断材料间的关系有一个总体的把握。

完整性是电视作品结构的最基本要求，它是叙事清晰、完整的前提，不然观众会弄不明白是“说什么”。结构不完整，事件的因果关系也不会完整。

2. 自然

就是结构顺理成章，过渡自然，行进流畅，尽量不露雕琢的痕迹，更不能是牵强附会地拼凑。作家孙犁说：“作品的结构不是单一个形式的问题，也是内容的问题，因为一篇作品既是描写一个事件，那事件本身就具备一个进行的规律，一个存在的规律。写出这个规律，使它鲜明，便是作品的基本结构。”这种事物本身内部的条理性也是作者结构影片的依据。

电视节目结构方式的主观性强，它靠蒙太奇及画面连接在一起，可以不受时间、空间的限制，自由地跳动，同样的材料可以有不同的组织安排方法。但是，无论怎样的组织安排，都不应为形式而形式，而是考虑到事实所提供的逻辑基础，使结构形态的运行如行云流水，自然而不做作，朴实而不雕琢。

3. 新颖

就是要使作品的结构既要符合叙事内容的特性，又要有叙事者的个性风格，给观众以一种清新和变化，不能总用相同的模式去套编丰富多样的不同题材。也不能出现了一种新的模式就纷纷效仿，而不管这种结构形式与内容对不对路。一部好片子从内容到形式都应该有自己的特点，有自己的个性，这样才能准确地表现出事物的特殊本质，使每一独特的事物都有自己独特的表现形式。如果使结构形成一种固定的套子，出来的作品就会让人觉得很乏味。

当然，对一些好的结构形式，可以借鉴，但不是稀里糊涂地挪用，因为不可能有两个题材在内在的逻辑发展的节奏上是相同的，作为为内容服务的结构形式必须依据鲜活的内容来选择、寻找，只有这样才能保持结构上的永远创新。

4. 严谨

它要求电视作品结构要严密、精巧、工整。条理要清晰，层次要分明，主次要得当，切忌杂乱无章，颠三倒四，使观众不知所云。结构的严谨首先要重视思维逻辑的严谨，要对影片内容发展趋向有明确的认识，这样才能使详略不同的材料在结构中被放在适当的位置上，做到组织严密、无懈可击。特别是有些题材，像政论性题材、风光题材等，需要有精密严整的结构来显示逻辑的力量或表现优美的形式特征。但是，在电视节目中对于许多以人、社会、生活为反映对象的题材，自然真实远比严谨要重要。严谨往往严肃有余，活泼不足，过分强调严谨，有时会使人感到呆板、做作，人为的痕迹过重。因为真实的生活现象不可能那么有条不紊，工工整整。硬把它条理化、逻辑化，有时反而会失掉真实感。

5. 统一

一方面结构形式要与叙事内容的内在节奏取得一种有机统一；另一方面，结构形式本身要和谐统一，浑然一体，全篇贯通，不能有前后割裂的感觉或格调风格不一致的感觉。

采用何种结构方式，首先要看题材内容的内在逻辑特性，另一方面要注意追求一种新颖的个性化的叙事方式，以便能让观众产生兴趣，得到好的观赏传播效果。

第三节　电视作品结构的形式

有人曾经说过这样的话："形式的探求，是最富有创造性的劳动，不仅踩着别人的脚印走不行，即使踩着自己的脚印走也是行不得的。"电视作品反映题材的丰富性和复杂性，创作个体的不同个性风格，以及电视观众对作品欣赏风味的不断变化，都要求电视作品的结构形式多样化。而对一个题材，选择什么样的叙事方法，必须先认真考虑清楚。

在构思一部电视片的结构时，首先要做的是两件事：一是清理思路，二是确定框架。

如何把纷繁复杂的材料按一定要求恰当地组织在一起，成为一个严密的整体？首先创作者要对这些材料的意义有清醒的认识，并对影片的发展进程有预先的思考。这种认识和思考就是清理思路，使创作思维更有条理性、逻辑性和周密性，只有思路清晰，才能使作品顺畅完整。思路混乱，一定导致结构混乱。所以，清理思想对组织结构是十分重要的。

确定框架，就是要事先对整个电视片的布局有一个总设想。比如这件作品应该采取一种什么样的叙述方式，大致分成几个段落，每段的内容是什么，这几个段落以怎样的层次发展，哪一部分材料最重要、应该成为高潮，高潮放在哪里合适，等等。这个大致的结构布局，可以勾勒出作品的轮廓。

这两个步骤都是确立适当的叙事方法所不可逾越的，只有通过对材料的整理和思考并构思出作品的总体布局后，才能着手选择具体的结构形式。

结构，是电视作品在内容层面上的组织方式。电视作品的叙事常以段落为单位展开，段落是组织情节材料的自然单位，也是展开作品叙事过程中从一个阶段推向另一个阶段前进的自然步骤。但是一个段落只能展开作品基本主题思想的某个方面，一部完整作品的多个部分要靠有个性的富有创造力的结构才能连成一气。因此叙事中各内容层次的组织安排统一于一个完整的有机的结构之中。

每个层次表达一定的意思，不同层次根据一定的顺序组织在一起，形成一个完整的结构形态。因此，人们又把层次叫作"意义段"或"结构段"。层次实际上是事物发展的阶段性以及人们认识事物、表达思想的深入性在影片中的表现。选择恰当的方式组织层次，是为了体现作者对局部与全局、观点与材料的总体关系的把握。

层次安排是结构方式的具体体现。

电视片的结构形态多种多样，随着现代生活的多样化和审美观念的变化，结构形式也在不断地演变和发展之中。

对于电视节目来说，很难说哪种结构形态好些，哪种差些，更不可能规定出几种方式供创作者去套用。结构方式应该是创作中最活跃的因素，每个作者，每一次新的创作都应该有所不同。下面我们对电视作品的几种结构方式进行分析。

一、顺序式结构

这是一种依照事件进程的自然次序组织情节叙事结构，它是以时间为走向轴线的。它要求叙事趋向沿因果链从开端进入具体的冲突，然后有条不紊地被强化，推向一个不可避免的高潮，当高潮以某种方式缓解时，导致了叙事的结束。这种结构强调情节的有头有尾，连续发展，讲究起、承、转、合，有机贯穿。它的动作事件的发展都呈线性态势。要求有环环相扣的因果联系和严谨的逻辑性。这种结构形式，始终清晰，情节单纯，符合现实生活的逻辑和顺序，容易为观众所接受。因此它也常常作为接近生活的电视进行叙事的结构形态。当然，它又是通过蒙太奇的组接手法对相对完整的段落中的时空作灵活自由的处理，以利用电视镜头语言的优势。

由于顺序式的叙述结构与戏剧结构对内容安排的方式类似，又称戏剧式结构。这种结构方式有其自身的特征：

一是明显的事件线索贯穿始终，有头有尾，段落层次分明，强调事件的发展要有明显的因果关系。二是按时空发展顺序进行，内容安排按时间的过程步步推进，环环相扣直至结束。三是整体布局严谨规整，注意头尾的照应，高潮的处理，段落与段落之间的转换过渡，以及内在的逻辑性与因果关系，形成独立、闭锁的自足体系。这种结构形式，适于事件性较强的题材，或主题明确、目的性强的宣传题材。但它的局限与弱点，就是难于对客观世界的复杂形态作多侧面的反映。在这类结构的安排中，都会以某种发展的线索作为依据的。

首先，顺序式结构可以以时间的发展为线索，随着事态发展中时间的进程来把事实内容逐渐展示给观众。

以时间的进程作为结构的线索，有两种不同的情况：

一种是事实本身发展的时间顺序直接决定内容的层次安排，内容的颠倒就是逻辑的混乱，以至于影响事实的真实性。

《俺爹俺娘》从焦波给爹娘二十多年拍摄的照片为线索，从 1973 年爹娘人生的第一张照片讲起，讲到焦波考上大学父亲 57 岁去城里打工，到焦波喜欢摄影给爹娘拍下生活中的各种场景，再到父母在重病情况下来北京为焦波影展剪彩，直到最后父亲去世、母亲毫不知情的情况下走完最后的日子……在时间顺序的讲述中，“时间”的充分显示了它沉重而不可改变的意义，感人至深。

另一种情况是根据内容材料的逻辑关系创造一种时间线索来串联内容。这种方法利用了生活中的情节因素，通过结构方式加以集中和强化。这是一种蒙太奇的结构性时序，它与生活内容本身没有严格的对应关系，先拍的东西可能用在影片的后面，只要在影片的叙事上符合时间逻辑。

其次，顺序式的结构还可以以认识事物的逻辑顺序作为线索来展开叙事内容。这种结构方式，往往是以内容的深浅为顺序，内容意义逐渐由浅到深，反映了作者对事物的认识逐渐由表面到本质的过程，如层层剥笋，不断深化主题，使作品的力度不断加强。例如大型纪录片《故宫》的第一集《肇建紫禁城》。开篇先提出问题：是谁创造了历史？又是谁在历史中创造了伟大的文明？然后第一层次，讲述永乐年间皇帝朱棣决定在北平建造宫殿的前因后果，于是浩大工程拉开帷幕；第二层次讲述运送木料等十年的备料过程以及工地浩景；第三个层次讲述了北京对于这个王朝与之俱增的重要性以及一些给后人留下的疑惑；第四个层次讲述了紫禁城经历的天灾人祸、帝王变更，最终成为中国明清两代统治天下的最高政治中心；一座世界建筑艺术史上独一无二的经典之作，从此傲然于世，并开始了后来的故事。随着影片的进展，人们从对于故宫肇建历史故事的了解，也逐渐对于它的历史意义有了理解，并对通往以下几集的内容敞开了一个大门。

由于顺序式的叙述结构既符合事实生活的逻辑发展特性，又符合人们对认识事物的情境，加上还符合电视传播的生活化的线性的特性，电视作品中常常会采用顺序式结构的方式。在这种形式的结构中，要注意线索的单一和清晰，注意前后转换的延续和连贯，并尽量使得内容层次安排上由浅入深，循序渐进。

二、交叉式结构

这种结构形式是将不同时空中的两条或两条以上有着内在联系的线索，按照一定的艺术构思交叉来组合安排，并以此组织情节，推动事件发展。这类结构方式的关键之处是交叉片断的安排要推动结构的整体发展。对片断的分切、组合要有内在的联系，并能在对列或对比中造成一种冲撞或加强，以拓宽延伸主题意义。

《法治进行时》著名的一期节目《惊心动魄22小时》精彩记录了北京警方解救被绑架人质吴若甫的行动。片中有5组记者拍摄下了警方在同一时间不同地点侦破此案的第一手素材，这些都构成了本片的第一条线索——侦破现场纪实；其次，主持人徐涛对于这个事件进程的解说和参与成为片子发展的第二条线索。这两条线索相互撞击、交叉发展，各具风格，既有很强的纪实效果，又充满了好莱坞大片的动感。在节目后期制作中，编导运用了分画屏形式，展现在同一时间不同场景里同一事件的发展，以实现跨时空连接和转换，用新的技术手段和传播理念更好的把不同线索统一于一个主题内容。

《幼儿园》有两种画面形象反复出现，一种是小朋友们在幼儿园里生活、学习、游戏的真实现场，一条线索是他们回答编导提出的各种问题，并且画面通过后期处理显现出单色调，两条线索区分明显。通过外部动作和内心想法的袒露，让观众对于童年世界产生了强烈的感慨与震撼。这种结构形式，有利于通过真实可信的内容体现表现性主题，使影片既有纪实风格，又有明显的倾向性。

这种交叉式的结构中，时间和空间的顺序被打乱，然而它一般是同一主体在不同阶段的不同情境下的对列比较，它们之间是相互关联相互衔接的，并在共同的作用下深化了主题思想。

三、板块式结构

这种结构与交叉式结构的区别是几大板块中的主体往往是不同的。它虽然也是由两条或更多条线索，然而不是交叉安排，而是相对独立的，每一块内容有一条自己的发展线索。因此可以说每个板块中的小结构则是一种顺序式结构。

各板块之间并不是没有联系的，只不过不是事物的一种内在的联结，而是统领于创作者的艺术目的或主题思想下的一种主观化的联结。它们往往从一个基点出发来多角度多层面地去展现一个总的主题或事件。因此它不太注意外在形态上的关联和形式上的完整性。它有利于表现繁杂丰富的内容，它靠结构把不同主体事件整合在一个主题之中。

《同一个世界》全方位地向中国广大观众讲述奥运的缘起、历史、城市、事件、人物、知识、背景、文化、运作、变革。第一集：《圣火重燃》、第二集：《血色橄榄枝》、第三集：《风中和平鸽》、第四集：《我们手拉手》、第五集：《五环在召唤》、第六集《北京圆梦》等，每一集都有不同的侧重点和独具特点的内容表现，但都有一个总的中心思想——伟大的奥林匹克精神。每条线从一个中心出发各自向外发射，每一段内容本身又是一个多信息、多含义的集合体。这种独特的结构，不是以简单的逻辑联系为分割依据，而是以创作者独特的感受作为依据，具有强烈的主观色彩，而内容的表述上又力求真实、朴实，通过材料树立起立体的反射面。

在用板块式结构进行叙事时，应该注意保持各个板块内容的相对完整和线索上的单一清晰；要注意各板块之间的转换，既要给观众一个提示，又不能让观众感到一种意义上的中断。要注意板块的选材上既要维持各自的相对独立，又必须能被创作者的一个意义或主题所统领，使得它们在一种意义的整合中结构成一个整体。

《中国》这部纪录片的结构表现形式上是呈交叉结构，将打工族、整容女士、练体操小女孩等不同人群的生活交叉展开描述。然而从本质意义上说，这是一种板块结构形态，因为每个主人公之间并不存在绝对联系，只不过是依据创作的主题这个目的联结，如果单独每个人成篇，也同样可以实现。

从这个意义上说，电视作品的结构形态虽然是表现为一种形式化的东西，然而它是一种有意味的形式，它是与它所承载的内容有着必然性的关联。因此在剪辑时，创造一种适合于叙事的有意义的结构形态，是电视编辑很重要的一步。

本章观摩影片

《俺爹俺娘》《故宫》《幼儿园》

本章思考与练习题

1. 电视作品结构的基本要求有哪些？
2. 电视作品中有哪些不同形式的结构？

第八章 剪辑中的节奏

【本章内容提要】

影视节奏通常是通过创作过程中的各个环节来实现的。如情节的发展、人物心理变化、形体动作、影像造型、色彩组合、镜头运动速度和长度、景别的变换、语言、音乐等。节奏的观念必须贯穿编辑的整个过程。

内在节奏和外在节奏是影视作品两种主要节奏形态。外在节奏是通过主体的运动、镜头的运动、镜头切换的频率等外在的形式化的物质形态造成的节奏。而内在节奏是由影视片叙述中情节的内部冲突起伏产生的，它表现为一种内在的叙述观念。内在节奏与外在节奏应该是相辅相成、有机统一的。

在电视片中影响画面感染力的因素是多方面的，画面中展示的内容当然是决定性的因素，如总统遇刺这类事件本身就是震撼人心的，其余元素再粗糙，只要能让观众看明白画面上的内容是总统遇刺，依然会有强大的感染力。不过这种情况毕竟少而又少，绝大多数情况下，要增强电视语言的感染力是靠综合多种因素来实现的，如画面的造型，叙事的结构，情绪的把握等。另外还有一个很重要的因素就是节奏。每一部电视片都应该有独特的内在和外在节奏，节奏的处理不仅会影响电视作品的感染力和叙述，许多时候还会直接影响电视片的质量和性质。而电视片的节奏问题的处理主要是剪辑时来进行的。因此，我们有必要专门讲讲这个问题。

第一节 什么是影视语言中的节奏

节奏源于运动。宇宙间万物，任何有生命的物质，都会有运动，也都会有节奏。影视作品也是由一系列连续活动的影像排列组合而成，其间自然也就会有节奏的产生。而且在影视艺术中，它是一个不可忽视的艺术元素。被称作电影魔术师的日本导演黑泽明曾说过，说服力强的剧本是因为它有适当的节奏，所以读起来顺口。他强调电影必须要有节奏。为了使电影富于表现力，不论在多么艰难的情况下，摄影机、麦克风都必须最大限度地发挥自己的作用，这样才能把电影拍好。意大利“新现实主义之父”罗贝托·罗西里尼也指出“至为重要的是节奏，而它偏偏又是无法表达的，只是人们身上固有的秉性”。他把节奏问题神秘化了。不过他认为节奏是电影创作者艺术个性的反映。看来节奏不仅是影视艺术形式美的重要内容，也是影视作者的一种内心感觉。

节奏的表现形式是一种连续而又有间歇的运动。由于影视是时间与空间的复合体，节奏自然就既表现在时间的流程中，又表现在空间的运动形态上。另外影视又是视听综合艺术，节奏也就既依附于活动的影像中，又依附于声音里，是视觉节奏与听觉节奏的有机结合。

节奏在影视作品中常常是通过创作的多个环节来实现的。如情节的发展，人物心理变化及形体言语动作，影像的造型，色彩的组合与对比，镜头的运动速度和长度的变比，镜头的角度与景别的变换，镜头间的转换与组接，语言、音响、音乐的时值和力度等诸多因素都可以用来体现影视作品的节奏。因此节奏并不同于速度，更不等于速度，它是一个十分复杂的综合体。当然它在表现形态时常与速度结合在一起，许多时候它们是吻合的。不过视听语言是多种元素组合成的，它的表现形态也就不是简单的，有时紧张的节奏可以是慢速度的，反之，有时轻松的节奏却是快速度的。如在电影中许多紧张的营救场面，往往在行动过程中穿插些别的场景或故意设置些障碍，使得行动的速度变慢。而当一个人解脱了某种苦痛和压迫心情轻松时又常常会快速奔跑起来，或用一连串快速的连续画面来表示。

出现以上情况的原因是影视作品叙事中的节奏形态是多重的，最基本的有内部节奏和外部节奏。内部节奏是由情节发展的内在矛盾冲突或人物的内心情绪起伏而产生的节奏；而外部节奏是由画面上一切主体的运动以及镜头转换的速度产生的。内部节奏的产生除了人物的言语动作外，还可通过场面调度和蒙太奇的手法来实现。内部节奏与外部节奏有时是一致的，有时是不一致的。不管怎样，它们都必须依据影视作品内容和结构的要求来安排起伏变化，并做到内在节奏与外在节奏的有机统一。处理节奏必须依据作品的内容和结构仔细体会剧情发展、人物心理和情绪的变化，把握作品的内在节奏的脉博，以便在叙事和剪接时找到一种与之相匹配的节奏。

节奏在影视作品中一般分为全片的总体节奏和单元段落中的具体节奏。总体节奏统领各部分的节奏，它是一种结构性的节奏，必须设计好总的基调，并把各部分统一组织起来。节奏可通过影视作品制作的各个环节来体现。脚本构思是节奏设计的一个纲，影片的节奏往往在这里有个粗略的轮廓；表演、摄影、剪辑、音乐等环节则应依据脚本的构思来具体体现。从表现形态上说，影视作品的节奏可分为平稳、跳跃、流畅、凝滞、对比、重复等。

从感官感受上节奏可分为视觉节奏和听觉节奏。视觉节奏是通过镜头画面形象表现出来的，如影视片中场面调度，人物的表情动作，摄影机的运动，蒙太奇组接中镜头的长短，一切诉诸视觉形象的张弛、徐疾、远近、长短等交替出现所形成的合乎规律的运动，构成影片的视觉节奏。而听觉节奏是通过听觉形象表现出来的，如人物的声音，环境中产生的同期声，音响、音乐等一切诉诸观众听觉的有规律地轻、重、强、弱交替出现的声音层次构成影片的听觉节奏。

视觉节奏与听觉节奏是不可分离的，在影片中它们总是互相作用、相辅相成结合在一起的，因此在编辑影片营造节奏时必须综合各种视听元素，共同为形成一种统一的节奏服务。

节奏从叙述的结构上可分为简单节奏和复杂节奏。前者是指由一组比较规则的镜头组接起来表现单一的动作时所产生的节奏，例如镜头视距内由远而近的节奏，由近而远的节奏，快速蒙太奇剪接中镜头长短大致相近或逐渐减短而形成的节奏。而复杂节奏是由规则镜头与不规则镜头交叉组接起来以表现两组以上动作时所形成的节奏。这种节奏的营造一般是交叉平行剪接形成的。有时为了形成一种对比，而有时则为了在一种关系中共同制造一种气氛。

影视作品节奏的最终完成是在剪辑的时候，剪接时根据作品内容和结构的需要，把视听各种元素综合起来，以形成一种作品内在节奏和外在节奏有机统一的理想节奏形态。

第二节　影视节奏与镜头长短

镜头的长短与影视作品的节奏关系很密切。因为剪辑时镜头的长或短，会造成不同的剪接率。而剪接率不仅能影响影视作品的外在节奏，也与它的内在节奏有关。在剪辑台上，安排好镜头的顺序后，镜头的长短经常是一个令人头痛的问题，因为它与图像的完整性、声音的完整性、情绪的渲染以及叙事的清晰明了都有直接关系，也直接影响到节奏。

那么镜头到底要留多长，在剪辑前必须考虑这样几个因素：

第一，要考虑把内容叙述清楚。

镜头构成的景别由于视距的不同会有变化，这也使镜头的内容有繁有简，镜头的长度也应相应的有长有短。如果是大景别，如远景、全景，镜头内反映的内容复杂些；而小景别，如近景、特写，镜头内反映的内容就单纯些。而镜头内容的繁简在决定镜头长度时是必须考虑的。内容复杂的镜头，如果剪得太短，观众就来不及看；而内容简单的镜头，如果剪得长了，又会显得拖沓。因此必须注意视觉规律。

有人做过16 mm固定镜头的视觉实验（条件是必须是固定镜头，如果是运动镜头，就有起幅落幅的问题，就很难确定了），可以得出以下参数。

16 mm胶片，固定镜头，不同景别看清楚镜头内容的时间：

景别	全景	中景	近景	特写	
胶卷长	5英尺	3英尺	2英尺	1英尺	
时间	7~8秒	4~5秒	2.5~3秒	1~1.5秒	

因此在剪接时首先必须考虑依据景别来确定镜头的长度。当然这里讲的是一般的情况。其实在实际的剪接中，相同的景别，由于画面内多种元素的复杂程度不一，也会影响到吸引观众注意速度和观众看清画面内容的时间。

譬如，相同的景别，因为画面中人物关系的复杂程度，事件的复杂程度，声源的多少，对内容的关注程度多少和快慢等内容因素，以及画面构图的复杂程度，光线的明暗，动作的快慢等造型因素的不同，都会很大程度上影响到吸引观众注意的速度和使观众看清同一景别中画面内容的速度。因此在剪接时，必须综合考虑各种因素来决定镜头的长短。镜头在影视片中的这种有效长度，叫镜头的叙述长度。

剪辑者常常可以用快速度的剪辑来制造迅速而又令人激动的动作的一种表面现象，使影像一个接一个越来越快的出现，这个动作本身就会产生更为激动的效果并加强故事的兴趣，因此可以说，速度往往可以制造一种节奏，同时还能形成一种意味。但是，加快剪辑速度时应该十分注意镜头内容，在进行加快剪辑的速度之前，不能只看到镜头的绝对长度，武断地剪短镜头。有时某个镜头可以在很短的时间内把它的含义很好地表达出来，而另一个镜头需花费比它长几倍的时间。这是因为每个镜头中的每个形象有它自己的情节，正因为镜头包含的内在因素的复杂性，有时一个镜头段落里的五尺长的镜头会显得比另一个几倍长的段落镜头更慢。因此在决定镜头长短的时间必须考虑镜头中情节的因素，如果有时想增加剪辑的速度而使意义模糊不清的话，那就得不偿失了。

同样的，在考虑每个镜头内容和景别的大小的关系时也得考虑镜头上下的情节因素。如向观众展示一个观众熟知的事物的镜头，在屏幕上停留的时间就要相对比介绍观众意想不到的事实的镜头短些。为了使观众理解每个镜头所表达的全部意义，必须让镜头在每个屏幕上停留的时间保持有一个最低限度的时间。这个最低限度的时间是由每个镜头里景别的大小、镜头的内容和里面包含的变动量，还有上下情节的复杂程度等因素综合决定的。总之，在剪辑时必须考虑每个镜头本身在造型方面、内容方面的综合特性，以确定一种合适的长度进行剪辑，以便既能保证镜头意义的表达，又能形成一种需要的节奏。

把镜头削减到最低限度的长度并不是造成快速节奏的唯一方法，有时候进行速度的变换比持续不变的最快速度更能给观众一种快速度的感觉。因此，在叙事一个剧情的段落镜头，如果全是用剧情高潮时的速度进行剪辑，那么这种高速度很快会使观众疲劳，而那剧情的高潮也不可能在观众身上停留太久。巧妙的方法是用前后镜头在速度的对比来给观众一种持续的紧迫感，速度逐渐加快产生的快动作的感觉，总是比不变的高速度的剪辑给人的印象强烈得多。可见，精确的延长或剪短各个镜头是与各个镜头的内容密切关联的。如果按一种合适而有节奏关系进行剪辑，很难去注意镜头长短上的那种细微的变化，因为影视作品此时达到的外在节奏与内在节奏的有机统一，使得观众在一种自然美妙的节奏感觉中忘却了节奏本身的存在。这时当然也就不去计较镜头的长短问题了。

第二，要考虑镜头长短与叙事中的感染力的关系。

对影视作品的感染力有个专门的词汇就叫“感动调子”，它由内容调子和剪接调子两个感动因素决定，内容调子是由画面的内容和造型元素产生的，包括情节含义、演员的表演、构图、线条、光线、音乐等因素。而剪接调子是由剪接率造成的，剪接率是指在一定长度的放映时间里包含的镜头个数。它是影视片中镜头转换的速率，当镜头时间长时剪接率自然就低；反之当镜头时间短时，剪接率自然就高。在一定的镜头段落中，如果镜头越来越短，叫剪接加速度，反之叫剪接减速度。不适当地运用长镜头会造成冗长和呆板的感觉，而过多运用短镜头则会产生琐碎和仓促的印象。因此剪接率应该从片子的总节奏出发，做到既有规律又有变化。

用剪接率来改变影视作品的节奏可以增强对观众的感染力。特别是在剧情的追杀场面，往往用逐渐加快追逐镜头和逃跑镜头之间的切换频率来营造一种紧张的气氛。在《战舰波将金号》中，则是通过这种手法来表现敌对双方矛盾的加剧和不断升级，造成势在必发的态势。当然，这种通过一组对列的短镜头的快速剪辑，利用节奏的感染力来表现一定的内容时，在保持镜头长度的一种互相比较关系，并不是随意的，而是在依据视觉心理规律来确定的。一般是从第二个镜头开始，使镜头长度有规律地一个比一个简短，逐步加快剪接率，加快节奏。这种手法叫镜头的比较长度，它一般只限于景别相近、内容分量相等、共同表现同一件事或一种关系的镜头。

一定长度镜头的连接形成的特定节奏，往往可以给观众一种视觉和心理的冲击，从而产生特殊的效果。如短镜头的迅速转换，往往可以使静止的画面产生动感，如爱森斯坦在《战舰波将金号》中，通过对一头静态的石雕狮子的快速移接，致使这头石狮有种跃然而起的感觉，以此来象征人民的觉醒。这是因为人的眼睛和大脑对外界的一种强烈刺激下，会因生理和心理上的反应而产生震惊感。这种震惊感能在人的视觉、听觉、触觉等多方面的生理心理上形成瞬间停留，如果在剪接影视作品中利用这种人的生理特性，往往会产生特殊的积余效果，以营造一种节奏来增强刺激力。这里就得考虑剪接时的一种技巧了。

一般地我们要在第一个镜头给人的刺激震惊尚未消退之前及时接第二个镜头，这时第一个镜头中的震惊感就会在第二个镜头中得以持续。如果依次再接第三、第四个镜头，就会得到一种积余和递增的效果，产生一种内在节奏，最后可以营造一个高潮。因此，一连串短镜头的剪接，总能使我们感到兴奋、紧张。我们可以用图 8－1 来表示。图中的每两根竖线之间表示镜头适当的长度，而每根竖线所在的位置表示镜头的剪接点，而斜线表示积余和递增。

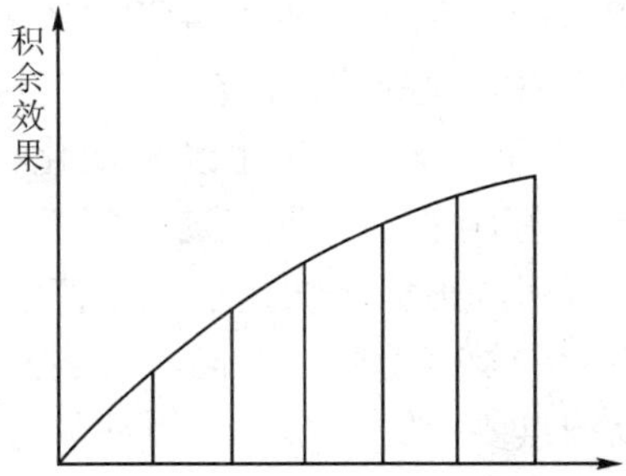

图 8－1

如果镜头过长了，应该剪断的时候还没剪断，那么这时这个镜头内容所造成的震惊感就会在延续到下个镜头之前消失了，这样就得不到一种积余和递增的效果，产生的内在节奏营造不出高潮来。我们用图 8－2 来表示，图中每两根竖线之间表示一个过长的镜头。横向曲线表示积余效果。

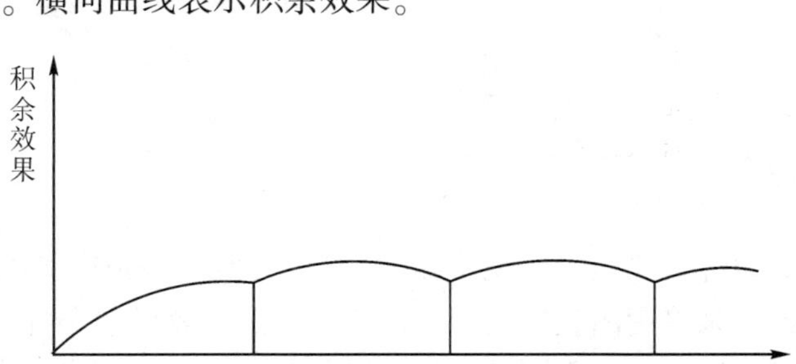

图 8－2

相反，如果镜头在不应剪断的地方就剪断了，就是在一个镜头给观众造成生理或心理的冲击所产生的效果持续增进之前，镜头的内容就中断了，这样就形成不了镜头连续中的内在节奏，也就产生不了叙事的完整意义，也达不到高潮。我们用图 8－3 表示。图中的竖线之间表示太短的镜头，横向的连线表示叙述的积余效果。

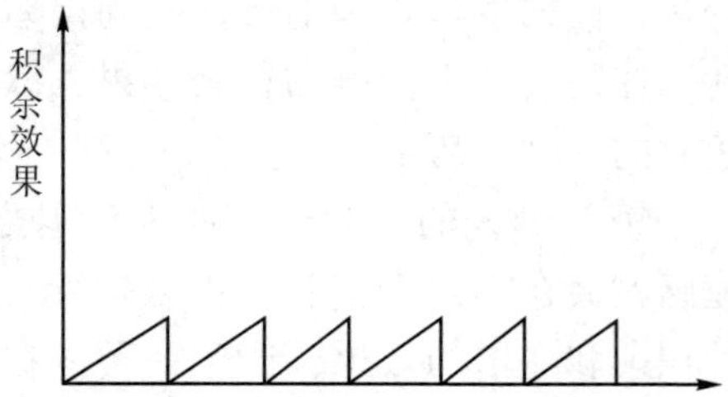

图 8－3

还有一点要注意的是，如果在一个镜头段落采用一种一成不变的剪接率，会使观众有一种疲乏厌倦感。这时积余效果增长会形成一种负作用。平时在生活中也常会遇到这种情况，如在听报告时，如果报告人说话的语调平淡，语速也单一不变，再好的报告内容，听众也会失去对他的积极反应，并产生疲倦感，最终会产生一种抵制。如报告人在作报告时抑扬顿挫，语速也经常变化，就能吸引听众的注意力，即使内容平淡一点也能起到较好的效果。根据这个特性，我们在剪辑影视作品时，就应该适当地变换剪接率，可用一种剪接加速度，来使镜头越来越短，从而营造一种紧张、兴奋的节奏感，使镜头段落走向一个高潮。当然在作这种处理时，要注意张弛结合，每一个紧张的高潮点要留给观众一个缓冲的过程和心理空间，以便保留那份兴奋，并继续后面的观赏。我们用图 8－4、图 8－5 表示。图 8－4 中竖线之间表示长度相等的镜头，横向的连线表示积余效果。图 8－5 中的竖线间表示不同长度的镜头，横向连线表示积余效果。

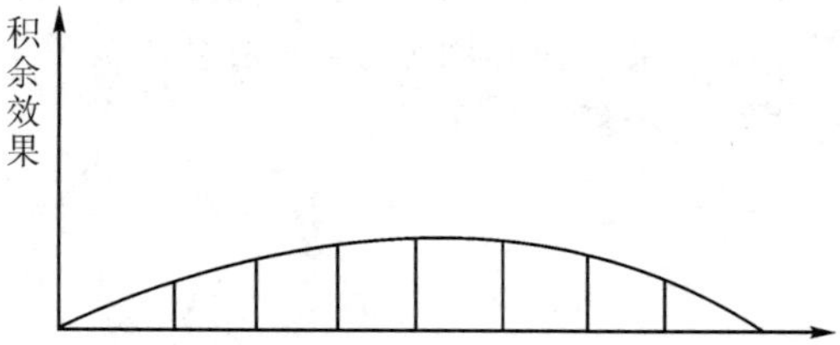

图 8－4

当然以上讲的是镜头长短与影视作品节奏制造间的一种简单关系。其实许多时候镜头长短的选择是难以用图表来表示的。由于镜头内容的复杂性，情节的复杂性，作品的总体结构或总体节奏，不同题材的作品都是剪接营造节奏时需要考虑的问题。因此，尽管节奏的制造最终都是通过剪辑中剪接的长短来确定，可是在不同的片子里这长与短都是相对的，必须与内容和总体结构相结合。

第三，要注意考虑镜头长度与叙事中情绪的因素的关系。情绪的因素也是影视作品内在节奏的一个重要因素。

影视作品中的情绪是个复杂的东西，表现时必须谨慎。因为许多时候人物的内

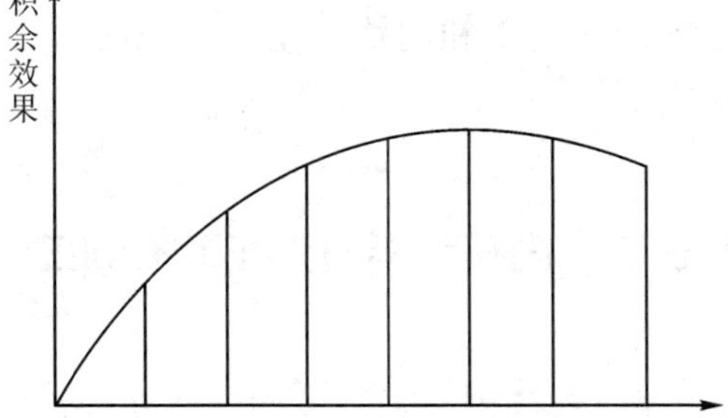

图 8－5

在情绪与外部的动作并不一致，尤其在情绪高潮时（一般在段落的结尾），镜头的长度往往不能用叙述的长度来处理，而需要适当延长镜头，以保持情绪的延续和完整。同时也可留给观众感知和联想的空间。在这种时候，剪辑时也可以让动作适当的停顿，或加上一个与情绪协调或相关的抒情性镜头。由于情绪长度是以突出情节的起伏跌宕或人物情感的波折，以及给观众加深某种意境的印象为目的的，有时对特写镜头或内容简单的空镜头也延续得很长，这一点就与叙述长度不同了。

普多夫金曾指出，“节奏是一种从情绪方面来感动观众的手段”，可见节奏的营造与情绪因素是密切联系的。这里的情绪既是作品内容隐含着的内在情绪，又是观众欣赏作品时表现出来的。

关于情绪和节奏，《唐山三十年祭》是很好的例子。影片的结尾部分，讲述地震前的最后一个黄昏，也是许多生命在这个世界上最后一个黄昏，唐山还是一片静谧，片子在不停的在强调“距离地震还有多长多长时间”，直到最后说夜幕降临、仅仅几小时后地震将发生，观众的心也一直都悬着。在这个过程中无数次灾难可以避免的机会也一点点溜走，直到这场大灾难已经无可避免。影片的色调也随着天色渐晚的自然变化逐渐深暗淡下来，观众的心也越来越沉重起来。然后，一个激烈的地震情景再现后，人们看到了一片废墟残垣，悲惨的景象直冲心灵，情绪达到了最高潮。观众被影片营造的内在情绪气氛所感染，而作品内在情绪和表现出的节奏也是相辅相成的。

一般说来，不同情绪的表达需要有不同的节奏形态，就像人在不同的情绪状态下，会有不同的心率一样。可以说镜头长短所表现出来的节奏形态是作品中情绪的外化形式。当然，情绪也是个很复杂的东西，它的形成是多种因素作用的结果，在表现形态上也是复杂的，通常地愉快、兴奋、激奋等情绪表现为一种较快的节奏，而忧伤、无奈、悲痛等情绪会表现为一种较缓的节奏。然而在一种复杂的情绪下人的表现方式也就不单纯了。如哭笑不得，高兴或伤悲到了极点等状态又会表现一种相反的形态，用一种慢的节奏表示欣赏，或用一种快的节奏表现一种过度的伤感等等。许多时候又会因为情绪的复杂和起伏不定，表现时需用一种变化的综合节奏形态。

第三节 内在节奏与外在节奏的统一

节奏是影视片中的一个重要因素。不过人们对节奏的理解不很统一。有相当一部分影视理论都把节奏理解为是镜头的切换产生的，也就是组接镜头时所产生的镜头外部变换而形成的运动形态。而持不同意见的人则认为影视节奏产生于镜头内部主体的运动形态，与镜头外部结构无关，我们认为这两种观点都不准确。

节奏是运动的产物，形成影视节奏的因素是多方面的，由此而产生的节奏形态也是多种多样的。比如，拍摄中主体的运动（包括语速与动作），摄影机镜头的运动，镜头组接时切换频率不同产生的镜头外部的运动，音乐的节律、解说语速等都可以产生节奏。这些因素形成的节奏由于表现为一种外在的物质形态，可以用视觉、听觉直接感受的，我们称它为外在节奏。

除此以外，影视片中还有另外一个重要的节奏形态，那就是内在节奏。它是由影视片叙述中情节的内部冲突发展为人物内心情绪起伏等产生的。由于它表现为一种内在的叙述的观念形态，只有通过审美的直觉去感知才能获得，我们称之为影视作品的内在节奏。

内在节奏与外在节奏是不可分离的，它们必须在剪辑这道工序上完成一种有机的统一。尽管在表现形态上它们有时可以有局部的形式上的不一致，然而在深层结构上它们必须是一致的。外在节奏既要考虑到镜头段落中相对独立性，又要保持与影片总体的内在节奏统一性。它最终是为叙述目的服务的，它要与情节叙述中的低潮、回转、发展、高潮、结局等发展曲线的启承转合、张弛相生的节奏效果相呼应。内在节奏是一种叙述性节奏，其目的是要使叙述有层次、有变化、有意思，从而使观众获得最多的美感和意义。

内在节奏，被有的电影理论家称为是决定电影画面和整部影片基本价值的“第一种因素”，外在节奏完全被影片内在的主题表现节奏，情节结构节奏，人物心理情绪节奏等内在节奏决定着；同时，影片的内在节奏虽然是外在节奏的依附和动力，但它也只有依靠外在节奏的多种表现形态方能得到体现。可以说外在节奏是内在节奏表现形式，是内在节奏的外化。它既表现在时间的流程中，又表现在空间的运动形态上。

蒙太奇剪接所产生的那种镜头外部的节奏，可以说是影视作品独特的节奏形式。

镜头与镜头的连接，无论是连贯的或跳跃式的，渐变或突变的，都是不同空间的运动形态，在这种空间运动的过程中已形成种种不同的空间运动节奏。这种空间运动的产生可以说是与时间的因素结合在一起的，正因为有了时间因素，使得空间运动的形态有了依据，因为空间的每一次切断或组合，都是与空间（镜头）中活动内容有关的。让空间保留多长，下面与哪个空间相连，都是依活动内容而定的，而这活动内容的切割组合制造着内在节奏。因此蒙太奇剪接所产生的镜头外部节奏（包括空间运动节奏和与之共时性产生的时间运动节奏）是依附于内在节奏而形成的。

影视作品的外在节奏与其内在节奏的依附性，在场面调度的长镜头段落中也许表现得更明显了。因为长镜头段落中的节奏主要是形成于镜头内主体的活动和镜头本身的运动两个方面。主体的运动完全依据于情节叙述的需要而作的场面调度安排，它形成的节奏本身就是内在节奏的一部分。而这时摄像机镜头运动的方向、路线和速度都依据于主体活动的形态和情节叙述中的节奏感。它只不过是把它们外化和具体化了。因此这时的外在节奏与内在节奏差不多是共时产生并几乎吻合的。

外在节奏的表现形态绝大多数情况下是与内在节奏一致的，譬如内在节奏紧时，它就快；内在节奏松时，它就慢；内在节奏复合变化时它也随之变化形态。然而它们之间也会有不一致的情况。当然这种不一致不是真的分裂，而是为取得更好的叙述效果而采用的一种手段。因此，这时外在节奏形态（多数时候是其中的一个或几个因素）暂时与内在节奏分裂，只是形式上的一种分裂，从深层意义上说它们是一种更深更紧的结合，是一种本质意义上的统一。这也是外在节奏依附于内在节奏并为内在节奏服务的证明。

如在费里尼的《八部半》中头一部分“矿泉疗养地”的段落。影片描写一个既失去了目标又失去了对自己艺术的信念的电影导演的生活。剧情发生在他即将开拍一部重要新片之时，他被许多压力压倒，于是他与妻子和摄制组人员来到了一个矿泉疗养地。这一段落的主要是反映使主人公吉多失去行动激情的那种麻木不仁的状态，这些场面本身包含着一种慢吞吞的无精打采的节奏，给人一种懒洋洋，漫无目的的感觉。然而这里的配乐却是贾科莫·罗西尼的《偷东西的喜鹊》中快板的前奏曲。音乐的节奏很快，结构也富于变化，然而整个场面仍然表现出一种麻木感——人物的飘来飘去，摄影机以一种很缓慢的速度移动，摇摄顾客们和慢吞吞伸出来要矿水泉的手。尽管音乐速度很快，整个段落仍然表现出一种昏睡和死亡的节奏。这是因为音乐的轻松节奏在此作为一种反衬，起到的是一种相辅相成的特殊效果。尽管音乐的外在节奏与整个场面的内在节奏发生了分裂，然而从整个叙述中，从影片总的内在节奏来看，这种分裂是一种更深刻意义上的融合和统一。

最后补充一点，影视作品节奏的确定还得注意影视不同的特性。由于电影与电视在审美感知空间上的不同特性，情况也不一样。一方面电影的银幕比电视的屏幕在面积上要大得多，更容易让观众看清楚其中的内容；相反电视屏幕上的内容不易让人看清。因此在拍摄时电影往往可以表现一些大场面，而电视则不合适，要用较大景别的镜头。另一方面电影的观赏是在一种严肃的单纯的审美空间中进行的，观众的注意力都集中于银幕上，因此镜头长短和节奏的安排完全可以依据美学的意义来进行；而电视由于观赏空间的生活化，审美空间往往是不单纯的，有多种因素的干扰。在这种状态中，电视作品在镜头的长度上和内在外在的节奏的安排上相对得比较缓慢一些。如果镜头太短，或节奏太快，往往不容易被观众所吸收。而且电视观众观看电视时的心态多半是一种消遣或直接简单地获取信息，可以边看边想或边做别的事情。而且电视传播是线性和不间断的，一个节目一结束另一个节目马上又接上去，不留给观众一种联想和回味的时间。而电影在放映的过程中和结束后，观众都可以有自由的审美感知时间和空间，让他们仔细品味和想象。从这个意义上说电视作品中镜头的内容既要浅显，也得有足够的时间让观众看清楚。当然为了保证作品本身结构和节奏上的美感，不可能让镜头太长或节奏太拖沓。为避免这种现象，电视往往用单一的叙述结构和注意内容的重复多次出现。所以说，电视作品中的节奏和镜头的长度问题，不完全是依据纯艺术作品的那种美学意义来考虑的，它首先得保证观众能获得信息，看得明白，在这个前提下才注意电视作品作为一个艺术作品所作的美学考虑。当然，电视作品也有些是相对独立完整的（像纪录片、专题片），它们的播出也一般与前后节目之间有隔离。这种情况下，编辑时就可以依据作为一个艺术作品本身内在的结构需要和内容需要来安排镜头的长度和节奏，像电影一样。

本章观摩影片

《唐山三十年祭》《八部半》

本章思考与练习题

1. 什么是影视语言中的节奏？
2. 什么是视觉节奏和听觉节奏？
3. 影视节奏和镜头长短有什么关系？
4. 如何理解内在节奏和外在节奏的统一？